# 通才养成课

## 藏在课本里的人生必考点①

狐说新语 编著

首批全国优秀出版社 | 中国农业出版社

# 目录

## 第一册

# 被人取外号的感觉真不好！

## 情境漫画

你曾经被人取过什么外号？

我被人叫作爱哭鬼。
因为身材原因，同学叫我小胖墩。

他姓熊。
哈
哈
哈
被人叫大狗熊的时候，我很难过。
大
狗
熊
哈
哈
哈
我们叫他大狗熊吧！

被人叫外号时，你的心情怎么样？

## 通才进阶笔记

### 被别人取外号时，应该怎么办？

1 没必要太过在意，要保持冷静和理智。如果这个外号让你感到不舒服，要勇敢地表达不满。

2 可以向老师、家长或者朋友倾诉，寻求他们的帮助。

3 自己不喜欢的，也不要强加给对方。我们不喜欢被别人取外号，所以也不要给别人取外号。

## 通才问答课堂

古人有趣的“外号”，你都知道哪些呢？

答案：
诸葛亮：卧龙
刘备：大耳贼／刘大耳

## 老子

| | |
|---|---|
| 姓　名： | 李耳 |
| 字： | 聃（dān） |
| 生卒年： | 公元前 571 年—公元前 471 年 |
| 身　份： | 中国古代思想家、哲学家和史学家，道家学派创始人 |
| 代表作： | 《道德经》 |
| 名　言： | 1. 上善治水，水善利万物而有静。<br>2. 祸兮福之所倚，福兮祸之所伏。 |

## 孔子

| | |
|---|---|
| 姓　名： | 孔丘 |
| 字： | 仲尼 |
| 生卒年： | 公元前 551 年—公元前 479 年 |
| 身　份： | 中国古代思想家、政治家、教育家，儒家学派创始人 |
| 代表作： | 整理《诗》《书》《礼》《乐》《易》《春秋》 |
| 名　言： | 1. 学而不思则罔（wǎng），思而不学则殆（dài）。<br>2. 己所不欲，勿施于人。 |

## 孟子

| | |
|---|---|
| 姓　名： | 孟轲 |
| 生卒年： | 公元前 372 年—公元前 289 年 |
| 身　份： | 战国时期儒家思想代表人物之一，中国古代思想家、哲学家、政治家、教育家 |
| 代表作： | 《孟子》 |
| 名　言： | 1. 富贵不能淫，贫贱不能移，威武不能屈。<br>2. 得道者多助，失道者寡助。 |

背诵打卡

背诵时间

| 第 1 天 | 第 2 天 | 第 4 天 | 第 7 天 | 第 15 天 | 第 30 天 | 第 90 天 |
|---|---|---|---|---|---|---|
| □ | □ | □ | □ | □ | □ | □ |

# 竞选班干部失败，并不代表我不行！

## 情境漫画

## 通才进阶笔记

1. 以平常心对待落选这件事，竞选失败并不代表做任何事情都会失败。

2. 反思为什么会落选：是准备得不够充分？还是对同学们还不熟悉？

3. 找出原因，今后好好改进，为下次竞选做好准备。

## 通才问答课堂

为什么把没考上称为“名落孙山”？

答案 “名落孙山”里的“孙山”，是一个人名。孙山是榜单上的最后一名，所以名次在孙山之后，就意味着没考上。

## 墨子

姓　名：墨翟
生卒年：公元前 476 年或 480 年—公元前 390 年或 420 年
身　份：战国时期思想家、教育家、科学家、军事家，墨家学派创始人和主要代表人物
代表作：《墨子》
思想主张：兼爱、非公、尚贤
名　言：1. 以兼相爱、交相利之法易之。
2. 是故君子自难而易彼，众人自易而难彼。

## 庄子

姓　名：庄周
生卒年：约公元前 369 年—约公元前 286 年
身　份：战国中期思想家、哲学家、文学家，道家学派代表人物，与老子并称“老庄”
代表作：《庄子》
名　言：1. 且夫水之积也不厚，则其负大舟也无力。
2. 天下有道，圣人成焉；天下无道，圣人生焉。

## 荀子

姓　名：荀况
字：卿
生卒年：约公元前 313 年—公元前 238 年
身　份：战国晚期思想家、哲学家、教育家、儒家学派的代表人物，先秦时代百家争鸣的集大成者
代表作：《荀子》
名　言：1. 岁不寒无以知松柏，事不难无以知君子。
2. 青，取之于蓝，而青于蓝；冰，水为之，而寒于水。

背诵打卡

背诵时间________

| 第 1 天 | 第 2 天 | 第 4 天 | 第 7 天 | 第 15 天 | 第 30 天 | 第 90 天 |
|---|---|---|---|---|---|---|
| □ | □ | □ | □ | □ | □ | □ |

# 上课被老师批评了，怎么办？

## 情境漫画

## 通才进阶笔记

### 面对别人的批评，我们该怎么做？

1. 思考和分析别人的批评，看看自己是否真的存在这些问题。

2. 如果批评是合理的，我们应该虚心接受，并采取行动来改进和提高。

3. 没有人愿意听批评的话，但如果你能够接受别人的批评，会让自己变得更加优秀。

## 通才问答课堂

你知道谁敢批评皇帝吗？

答案：

魏征：直言不讳指出李世民的多种错误。

海瑞：写了一篇《治安疏》指责明朝嘉靖皇帝朱厚熜（cōng）。

## 屈原

| | |
|---|---|
| 姓　名： | 屈平 |
| 字： | 原 |
| 生卒年： | 约公元前340年—公元前278年 |
| 身　份： | 战国时期楚国诗人、政治家 |
| 代表作： | 《离骚》《天问》 |
| 名　言： | 1. 路漫漫其修远兮，吾将上下而求索。<br>2. 惟天地之无穷兮，哀人生之长勤。 |

## 司马迁

| | |
|---|---|
| 字： | 子长 |
| 生卒年： | 公元前145或135年—？ |
| 身　份： | 西汉史学家、文学家 |
| 代表作： | 《史记》 |
| 名　言： | 1. 人固有一死，或重于泰山，或轻于鸿毛。<br>2. 燕雀安知鸿鹄之志哉。<br>3. 运筹策帷幄之中，决胜于千里之外。 |

## 曹操

| | |
|---|---|
| 字： | 孟德 |
| 生卒年： | 155年—220年 |
| 身　份： | 中国古代杰出政治家、军事家、文学家、书法家 |
| 代表作： | 《观沧海》《龟虽寿》《短歌行》 |
| 名　言： | 1. 老骥伏枥，志在千里。烈士暮年，壮心不已。<br>2. 山不厌高，海不厌深。周公吐哺，天下归心。<br>3. 日月之行，若出其中。星汉灿烂，若出其里。 |

背诵打卡　　背诵时间＿＿＿＿

| 第1天 | 第2天 | 第4天 | 第7天 | 第15天 | 第30天 | 第90天 |
|---|---|---|---|---|---|---|
| □ | □ | □ | □ | □ | □ | □ |

# 人生陷阱！我不是读书的料？

## 情境漫画

数学题太难了！

面对难题，如何应对？

## 通才进阶笔记

1. 每个人都有自己的学习方式和节奏，不要轻易否定自己的能力。

2. 努力寻找自己在学习中的技能或天赋，发现自己的优点。

3. 难题需要时间和努力来解决，要仔细分析问题，并不断改进方法。

## 通才问答课堂

你知道哪些科举落榜，却赫赫有名的人吗？

韩愈（三次进士落榜）
蒲松龄（八次乡试落榜）

## 陶渊明

| | |
|---|---|
| 姓 名： | 陶潜 |
| 字： | 元亮 |
| 生卒年： | 约 365 年—427 年 |
| 身 份： | 东晋诗人、辞赋家、散文家 |
| 代表作： | 《饮酒》《桃花源记》《归去来兮辞》《五柳先生传》 |
| 名 言： | 1. 晨兴理荒秽，带月荷锄归。<br>2. 结庐在人境，而无车马喧。问君何能尔？心远地自偏。 |

## 王勃

| | |
|---|---|
| 字： | 子安 |
| 生卒年： | 650 年—676 年或 684 年 |
| 身 份： | 唐代文学家、诗人，与杨炯、卢照邻、骆宾王以诗文齐名，并称“初唐四杰” |
| 代表作： | 《送杜少府之任蜀州》《滕王阁序》 |
| 名 言： | 1. 海内存知己，天涯若比邻。<br>2. 落霞与孤鹜齐飞，秋水共长天一色。 |

## 骆宾王

| | |
|---|---|
| 字： | 观光 |
| 生卒年： | 约 640 年—约 684 年 |
| 身 份： | 唐代文学家，“初唐四杰”之一 |
| 代表作： | 《咏鹅》《于易水送人》《咏蝉》 |
| 名 言： | 1. 言犹在耳，忠岂忘心？<br>2. 不汲汲于荣名，不戚戚于卑位。<br>3. 无人信高洁，谁为表予心？ |

背诵打卡 背诵时间＿＿＿＿

| 第1天 | 第2天 | 第4天 | 第7天 | 第15天 | 第30天 | 第90天 |
|---|---|---|---|---|---|---|
| □ | □ | □ | □ | □ | □ | □ |

# 我不敢表达自己的意见

## 情境漫画

不敢表达的表现
自卑
我说话总是磕磕巴巴，很没自信。
当我的观点与别人不同时，我会选择不说。
为什么我会不敢表达？
走……走……走开……
有想说的话，但到嘴边就结巴，表达能力不够。
我害怕自己的观点不被理解，怕被同伴否定。
害怕
放下

## 通才进阶笔记

不敢说话、不敢表达的原因可能有很多，如害羞、不自信、语言能力不足等。我们可以通过练习口头表达来提升自己的表达能力，比如多读课文、讲故事、唱歌等，还可以参加一些自己擅长的活动，增强自信心和自我价值感。

## 通才问答课堂

有哪些能言善辩的名人？

答案：张仪、苏秦、诸葛亮、鬼谷子、亚里士多德等。

## 王之涣

| | |
|---|---|
| 字： | 季凌 |
| 生卒年： | 688 年—742 年 |
| 身　份： | 唐代边塞诗人 |
| 代表作： | 《登鹳雀楼》《凉州词二首》 |
| 名　言： | 1. 欲穷千里目，更上一层楼。<br>2. 羌笛何须怨杨柳，春风不度玉门关。 |

## 孟浩然

| | |
|---|---|
| 号： | 孟山人 |
| 生卒年： | 689 年—740 年 |
| 身　份： | 唐代山水田园派诗人，世称“孟襄阳” |
| 代表作： | 《过故人庄》《春晓》《宿建德江》 |
| 名　言： | 1. 春眠不觉晓，处处闻啼鸟。<br>2. 野旷天低树，江清月近人。<br>3. 待到重阳日，还来就菊花。 |

## 王维

| | |
|---|---|
| 字： | 摩诘 |
| 号： | 摩诘居士 |
| 生卒年： | 693 年或 694 年或 701 年—761 年 |
| 身　份： | 唐代诗人、画家，与孟浩然合称“王孟”，有“诗佛”之称 |
| 代表作： | 《相思》《使至塞上》《送元二使安西》 |
| 名　言： | 1. 明月松间照，清泉石上流。<br>2. 劝君更尽一杯酒，西出阳关无故人。<br>3. 红豆生南国，春来发几枝。 |

背诵打卡

| 背诵时间 | | | | | | |
|---|---|---|---|---|---|---|
| 第 1 天 | 第 2 天 | 第 4 天 | 第 7 天 | 第 15 天 | 第 30 天 | 第 90 天 |
| □ | □ | □ | □ | □ | □ | □ |

# 事情总是做不好，我是不是太笨了？

## 情境漫画

## 通才进阶笔记

1. 人不是一生下来就什么都会，要端正心态，不断适应和学习。

2. 要将注意力集中在过程中，而不是过分关注结果。

3. 当事情没有做好而感到自卑时，要改变思维方式，保持积极态度，自我激励。

## 通才问答课堂

**古代最“笨”的诗人，写2句诗竟用了3年？**

揭秘 贾岛写诗喜欢逐字逐句地推敲琢磨，经常一首诗定稿要数年之久，后人给他起了个“诗奴”的雅号。据说，他用3年时间写出的2句诗是：独行潭底影，数息树边身。

## 李白

| | |
|---|---|
| 字： | 太白 |
| 号： | 青莲居士 |
| 生卒年： | 701 年—762 年 |
| 身　份： | 唐代伟大的浪漫主义诗人，世称“诗仙” |
| 代表作： | 《望庐山瀑布》《行路难》《蜀道难》《将进酒》 |
| 名　言： | 1. 飞流直下三千尺，疑是银河落九天。<br>2. 天生我材必有用，千金散尽还复来。 |

## 杜甫

| | |
|---|---|
| 字： | 子美 |
| 号： | 少陵野老 |
| 生卒年： | 712 年—770 年 |
| 身　份： | 唐代伟大的现实主义诗人，世称“诗圣” |
| 代表作： | 《望岳》《登高》《春望》《茅屋为秋风所破歌》，“三吏三别”（《石壕吏》《新安吏》《潼关吏》《新婚别》《无家别》《垂老别》） |
| 名　言： | 1. 两个黄鹂鸣翠柳，一行白鹭上青天。<br>2. 风急天高猿啸哀，渚清沙白鸟飞回。 |

## 韩愈

| | |
|---|---|
| 字： | 退之 |
| 生卒年： | 768 年—824 年 |
| 身　份： | 唐代文学家、思想家、哲学家、政治家，“唐宋八大家”之首 |
| 代表作： | 《早春呈水部张十八员外》《师说》 |
| 名　言： | 1. 天街小雨润如酥，草色遥看近却无。<br>2. 千里马常有，而伯乐不常有。 |

背诵打卡 背诵时间______

| 第 1 天 | 第 2 天 | 第 4 天 | 第 7 天 | 第 15 天 | 第 30 天 | 第 90 天 |
|---|---|---|---|---|---|---|
| □ | □ | □ | □ | □ | □ | □ |

# 原谅别人为什么这么难？

## 情境漫画

跟好朋友约好出去玩，当天他却失约了……

## 通才进阶笔记

1. 原谅并不是一件简单的事，却是一项很棒的本领。

2. 原谅别人不仅可以让别人感到轻松和自由，也可以让自己更加快乐和满足。

3. 每个人都会犯错，无论是自己、同学还是老师，学会原谅才能更好地与大家相处。

## 通才问答课堂

我们常说的"宰相肚里能撑船"是什么意思呢？

答案 "宰相肚里能撑船"，形容一个人宽宏大量，大人有大量。

## 白居易

| | |
|---|---|
| 字： | 乐天 |
| 号： | 香山居士 |
| 生卒年： | 772 年—846 年 |
| 身　份： | 唐代伟大的现实主义诗人，新乐府运动主要倡导者，世称“诗魔” |
| 代表作： | 《池上》《赋得古原草送别》《长恨歌》《卖炭翁》《琵琶行》 |
| 名　言： | 1. 野火烧不尽，春风吹又生。<br>2. 同是天涯沦落人，相逢何必曾相识。 |

## 刘禹锡

| | |
|---|---|
| 字： | 梦得 |
| 生卒年： | 772 年—842 年 |
| 身　份： | 唐代文学家、哲学家 |
| 代表作： | 《陋室铭》《望洞庭》《乌衣巷》 |
| 名　言： | 1. 斯是陋室，惟吾德馨。<br>2. 晴空一鹤排云上，便引诗情到碧霄。 |

## 柳宗元

| | |
|---|---|
| 字： | 子厚 |
| 生卒年： | 773 年—819 年 |
| 身　份： | 唐代文学家、哲学家、散文家和思想家 |
| 代表作： | 《江雪》《小石潭记》《捕蛇者说》 |
| 名　言： | 1. 千山鸟飞绝，万径人踪灭。<br>2. 潭中鱼可百许头，皆若空游无所依。 |

背诵打卡　　背诵时间________

| 第 1 天 | 第 2 天 | 第 4 天 | 第 7 天 | 第 15 天 | 第 30 天 | 第 90 天 |
|---|---|---|---|---|---|---|
| ☐ | ☐ | ☐ | ☐ | ☐ | ☐ | ☐ |

# 我经常羡慕其他小朋友

## 情境漫画

舞蹈课上

体育课上

语文课上

## 通才进阶笔记

1. 与其羡慕别人，不如努力提升自己。

2. 每个人都有自己的优点和缺点，要善于发现并认可自己的优点，欣赏他人的优点。

3. 努力的背后是坚持的汗水，只要坚持不懈，总能在自己的领域闪闪发光。

## 通才问答课堂

古人都有什么体育活动？

答案：蹴鞠（足球）、投壶等。

go!

## 李贺

| | |
|---|---|
| 字： | 长吉 |
| 生卒年： | 790 年—816 年 |
| 身　份： | 唐代浪漫主义诗人，世称“诗鬼” |
| 代表作： | 《雁门太守行》《李凭箜篌引》 |
| 名　言： | 1. 黑云压城城欲摧，甲光向日金鳞开。<br>2. 大漠沙如雪，燕山月似钩。 |

## 杜牧

| | |
|---|---|
| 字： | 牧之 |
| 号： | 樊川居士 |
| 生卒年： | 803 年—852 年 |
| 身　份： | 唐代文学家 |
| 代表作： | 《清明》《泊秦淮》《江南春》《赤壁》《题乌江亭》 |
| 名　言： | 1. 清明时节雨纷纷，路上行人欲断魂。<br>2. 商女不知亡国恨，隔江犹唱后庭花。<br>3. 南朝四百八十寺，多少楼台烟雨中。 |

## 李商隐

| | |
|---|---|
| 字： | 义山 |
| 号： | 樊南生 |
| 生卒年： | 约 813 年—约 858 年 |
| 身　份： | 唐代诗人，与杜牧合称“小李杜”，与温庭筠合称“温李” |
| 代表作： | 《无题》《锦瑟》《乐游园》 |
| 名　言： | 1. 春蚕到死丝方尽，蜡炬成灰泪始干。<br>2. 相见时难别亦难，东风无力百花残。<br>3. 夕阳无限好，只是近黄昏。 |

背诵打卡 背诵时间______

| 第 1 天 | 第 2 天 | 第 4 天 | 第 7 天 | 第 15 天 | 第 30 天 | 第 90 天 |
|---|---|---|---|---|---|---|
| □ | □ | □ | □ | □ | □ | □ |

# 面对新事物，我不敢去尝试

## 情境漫画

## 通才进阶笔记

1. 尝试新事物之前，可以先了解新事物的好处、成功的例子等，从而减少我们对新事物的恐惧感。

2. 先接触新事物的一部分或尝试一些简单的任务，然后逐步增加难度和挑战性，逐渐适应新事物。

3. 在面对新事物前，做好充分的准备，要知道，越拿手的事情，害怕的程度会越低。

## 通才问答课堂

谁是第一个吃螃蟹的人？

答案：巴解，大禹治水时代的人物，传说是吃螃蟹的第一人。

## 范仲淹

字：希文

生卒年：989 年—1052 年

身　份：北宋时期杰出的政治家、文学家

代表作：《渔家傲·秋思》《岳阳楼记》

名　言：1. 塞下秋来风景异，衡阳雁去无留意。

2. 先天下之忧而忧，后天下之乐而乐。

3. 不以物喜，不以己悲。

## 欧阳修

字：永叔

号：醉翁，六一居士

生卒年：1007 年—1072 年

身　份：北宋政治家、文学家、史学家

代表作：《醉翁亭记》

名　言：1. 月上柳梢头，人约黄昏后。

2. 醉翁之意不在酒，在乎山水之间也。

## 王安石

字：介甫

号：半山

生卒年：1021 年—1086 年

身　份：北宋政治家、文学家、思想家，“唐宋八大家”之一

代表作：《元日》《登飞来峰》《泊船瓜洲》

名　言：1. 千门万户曈曈日，总把新桃换旧符。

2. 春风又绿江南岸，明月何时照我还？

3. 不畏浮云遮望眼，自缘身在最高层。

背诵打卡

| 背诵时间 | | | | | | |
|---|---|---|---|---|---|---|
| 第 1 天 | 第 2 天 | 第 4 天 | 第 7 天 | 第 15 天 | 第 30 天 | 第 90 天 |
| □ | □ | □ | □ | □ | □ | □ |

# 遇到挫折就放弃，这样对吗？

## 情境漫画

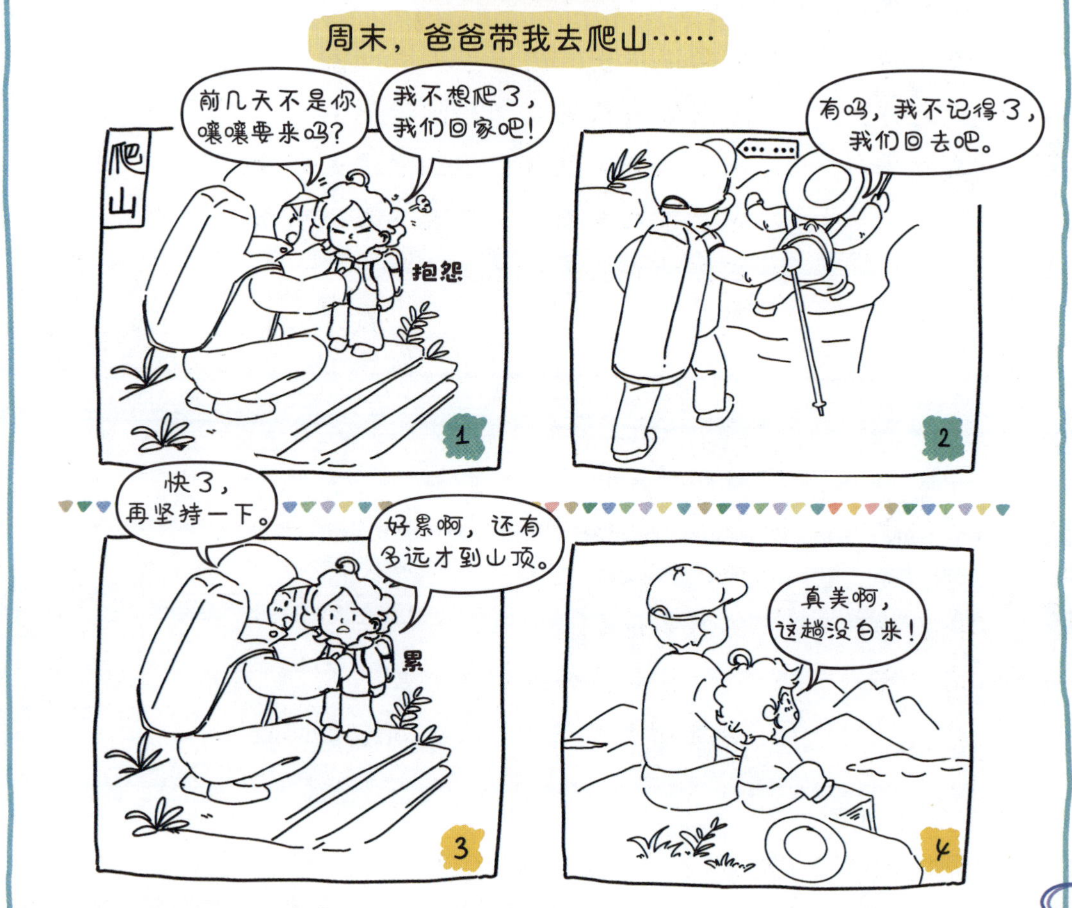

周末，爸爸带我去爬山……
爬山
前几天不是你嚷嚷要来吗？
我不想爬了，我们回家吧！
抱怨
1
有吗，我不记得了，我们回去吧。
2
快了，再坚持一下。
好累啊，还有多远才到山顶。
累
3
真美啊，这趟没白来！
4

## 通才进阶笔记

### 想放弃时，怎么让自己坚持？

1 寻找一些能激励自己的事情，如阅读成功人士的故事、听鼓舞人心的演讲。

2 保持积极乐观的态度，相信自己能够克服困难和挑战，并最终实现目标。

3 尝试从不同的角度看待问题，可能会产生新的见解和解决方案。

## 通才问答课堂

"宝剑锋从磨砺出"包含了什么物理现象？

答案：根据物理知识，压力一定时，受力面积越小，压强越大。所以，"宝剑锋从磨砺出"，利用了"减小受力面积的方法来增大压强"的道理。

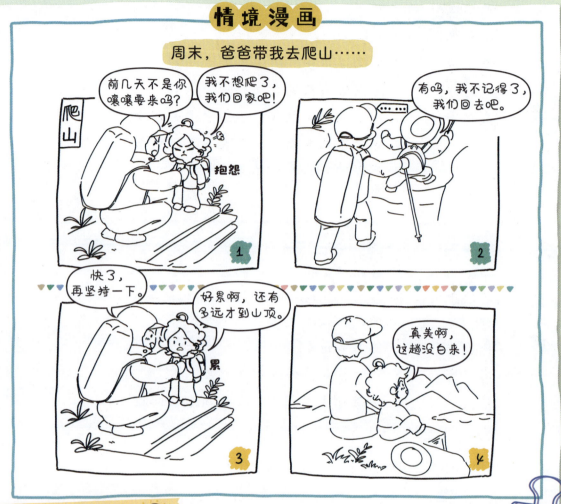

**苏轼**

| | |
|---|---|
| 字： | 子瞻 |
| 号： | 东坡居士 |
| 生卒年： | 1037 年—1101 年 |
| 身　份： | 北宋文学家、书法家、画家 |
| 代表作： | 《题西林壁》《水调歌头·明月几时有》 |
| 名　言： | 1. 不识庐山真面目，只缘身在此山中。<br>2. 但愿人长久，千里共婵娟。<br>3. 大江东去，浪淘尽，千古风流人物。 |

**李清照**

| | |
|---|---|
| 号： | 易安居士 |
| 生卒年： | 1084 年—1155 年 |
| 身　份： | 宋代婉约派词人代表，有“千古第一才女”之称 |
| 代表作： | 《声声慢·寻寻觅觅》《夏日绝句》《如梦令·常记溪亭日暮》 |
| 名　言： | 1. 寻寻觅觅，冷冷清清，凄凄惨惨戚戚。<br>2. 生当作人杰，死亦为鬼雄。<br>3. 争渡，争渡，惊起一滩鸥鹭。 |

**陆游**

| | |
|---|---|
| 字： | 务观 |
| 号： | 放翁 |
| 生卒年： | 1125 年—1210 年 |
| 身　份： | 南宋文学家、史学家、爱国诗人 |
| 代表作： | 《示儿》《卜算子·咏梅》《游山西村》 |
| 名　言： | 1. 王师北定中原日，家祭无忘告乃翁。<br>2. 山重水复疑无路，柳暗花明又一村。 |

**背诵打卡**　背诵时间________

| 第 1 天 | 第 2 天 | 第 4 天 | 第 7 天 | 第 15 天 | 第 30 天 | 第 90 天 |
|---|---|---|---|---|---|---|
| □ | □ | □ | □ | □ | □ | □ |

# 做个阳光自信的小学生

## 情境漫画

## 通才进阶笔记

### 怎么让自己变得自信？

1 首先要接受自己，包括自己的优点和缺点，要相信自己的价值和能力。

2 练习自信的语言和姿态，可以在交流中更加自信、大方得体。

3 通过学习新知识、提高技能、参与社交活动等方式，逐渐建立自信心。

## 通才问答课堂

太阳有哪些雅称？

答案：金乌、赤轮、丹灵、云暖等。

## 辛弃疾

字：幼安

号：稼轩

生卒年：1140 年—1207 年

身　份：南宋文学家，豪放派代表，与苏轼并称“苏辛”

代表作：《永遇乐·京口北固亭怀古》《青玉案·元夕》《破阵子·为陈同甫赋壮词以寄之》

名　言：
1. 千古江山，英雄无觅孙仲谋处。
2. 众里寻他千百度，蓦然回首，那人却在，灯火阑珊处。
3. 了却君王天下事，赢得生前身后名。

## 杨万里

字：廷秀

号：诚斋

生卒年：1127 年—1206 年

身　份：南宋文学家，“中兴四大诗人”之一

代表作：《小池》《晓出净慈寺送林子方》《宿新市徐公店》

名　言：
1. 小荷才露尖尖角，早有蜻蜓立上头。
2. 接天莲叶无穷碧，映日荷花别样红。
3. 儿童急走追黄蝶，飞入菜花无处寻。

## 龚自珍

字：璱（sè）人

生卒年：1792 年—1841 年

身　份：清代思想家、诗人

代表作：《己亥杂诗》

名　言：
1. 我劝天公重抖擞，不拘一格降人材。
2. 落花不是无情物，化作春泥更护花。

背诵打卡　　背诵时间________

| 第1天 | 第2天 | 第4天 | 第7天 | 第15天 | 第30天 | 第90天 |
|---|---|---|---|---|---|---|
| □ | □ | □ | □ | □ | □ | □ |

# 驯服自己的情绪“小刺猬”

## 情境漫画

## 通才进阶笔记

1. 情绪的传递是相互的，一个人的坏情绪可能会伤害到别人。

2. 给别人提建议或要求时，要注意自己的表达方式，有效的沟通更能解决问题。

3. 在情绪激动时，要先冷静下来。例如，深呼吸或者去安静的地方坐一会儿。

## 通才问答课堂

七情六欲指的是什么？

答案：“七情”指的是人的七种感情，一般指喜、怒、哀、惧、爱、恶、欲；“六欲”一般指的是眼、耳、鼻、舌、身、意所产生的欲望。

## 鲁迅

原　名：周樟寿，后改名为周树人

字：豫山，后改为豫才

生卒年：1881年—1936年

身　份：著名文学家、思想家、革命家、教育家、民主战士

代表作：《孔乙己》《阿Q正传》《狂人日记》《朝花夕拾》

名　言：1. 横眉冷对千夫指，俯首甘为孺子牛。

2. 不在沉默中爆发，就在沉默中灭亡。

## 郭沫若

字：鼎堂

号：尚武

生卒年：1892年—1978年

身　份：中国现当代作家、历史学家、考古学家、政治家

代表作：《女神》《星空》《屈原》

名　言：1. 读不在三更五鼓，功只怕一曝十寒。

2. 不愿久偷生，但愿轰烈死。

## 叶圣陶

原　名：叶绍钧

字：秉臣、圣陶

生卒年：1894年—1988年

身　份：现代作家、教育家、文学出版家，有“优秀的语言艺术家”之称

代表作：《稻草人》《小白船》《一粒种子》

名　言：1. 天地阅览室，万物皆书卷。

2. 读书忌死读，死读钻牛角。

背诵打卡 ☐　　背诵时间＿＿＿＿

| 第1天 | 第2天 | 第4天 | 第7天 | 第15天 | 第30天 | 第90天 |
|---|---|---|---|---|---|---|
| ☐ | ☐ | ☐ | ☐ | ☐ | ☐ | ☐ |

# 考试紧张怎么办？

## 情境漫画

## 通才进阶笔记

**感觉紧张时：**

❶ 可以对身体进行临时调整，如深呼吸、上厕所、伸懒腰等。

❷ 用其他爱好来分散注意力，如阅读、运动、绘画等。

❸ 可以给自己积极的心理暗示，比如完成了这件事就奖励自己吃顿大餐。

## 通才问答课堂

**古代学子如何缓解科考压力？**

答案：在唐朝，考生们会到花市、果市、饰物市等地逛逛，以放松心情，还会通过观看各种五色斑斓的东西来降低焦虑感。

## 茅盾

| | |
|---|---|
| 字： | 雁冰 |
| 生卒年： | 1896 年—1981 年 |
| 身份： | 中国现代作家、文学评论家，新文化运动的先驱之一 |
| 代表作： | 《子夜》《林家铺子》《春蚕》《秋收》《残冬》 |
| 名言： | 1. 要尊重自己的创造自由，先须尊重别人的创造自由。<br>2. 不是你战胜生活，就是生活将你压碎。 |

## 徐志摩

| | |
|---|---|
| 原名： | 徐章垿（xù） |
| 字： | 槱（yǒu）森 |
| 生卒年： | 1897 年—1931 年 |
| 身份： | 中国现代诗人、作家、散文家 |
| 代表作： | 《再别康桥》《翡冷翠的一夜》 |
| 名言： | 1. 寻梦？撑一支长篙，向青草更青处漫溯，满载一船星辉，在星辉斑斓里放歌。<br>2. 我挥一挥衣袖，不带走一片云彩。 |

## 朱自清

| | |
|---|---|
| 原名： | 朱自华 |
| 字： | 佩弦 |
| 生卒年： | 1898 年—1948 年 |
| 身份： | 中国现代散文家、诗人、民主战士 |
| 代表作： | 《背影》《荷塘月色》《绿》《匆匆》 |
| 名言： | 1. 燕子去了，有再来的时候；杨柳枯了，有再青的时候；桃花谢了，有再开的时候，但是，聪明的，你告诉我，我们的日子为什么一去不复返呢？<br>2. 但得夕阳无限好，何须惆怅近黄昏。 |

背诵打卡 背诵时间

| 第 1 天 | 第 2 天 | 第 4 天 | 第 7 天 | 第 15 天 | 第 30 天 | 第 90 天 |
|---|---|---|---|---|---|---|
| □ | □ | □ | □ | □ | □ | □ |

# 被恶作剧捉弄怎么办？

## 情境漫画

## 通才进阶笔记

1. 不要被过分或恶意的玩笑激怒或影响情绪，保持冷静和理智。

2. 向开玩笑的人表达你的感受和不适，告诉他们这个玩笑对你造成了伤害或困扰，让捉弄人的同学认识到自己在做的并不是一件好笑的事。

3. 尽量避免用同样的方式进行反击或报复，要积极地交流和互动，减少不必要的冲突。

## 通才问答课堂

**我国历史上代价很大的一次“恶作剧”是什么呢？**

答案：古代烽火台的作用是传递军情。周幽王为博褒姒一笑，点燃烽火台。诸侯们看到烽火赶来，却发现没有外敌入侵。如此反复多次后，敌军真的来袭时，诸侯们以为烽火又是周幽王的恶作剧，最后周幽王被杀，西周也因此灭亡。

## 闻一多

| | |
|---|---|
| 原　名： | 闻家骅 |
| 字： | 友三 |
| 生卒年： | 1899 年—1946 年 |
| 身　份： | 中国近代诗人、学者、民主战士 |
| 代表作： | 《七子之歌》《红烛》《死水》 |
| 名　言： | 1. 书要读懂，先求不懂。<br>2. 爱祖国是情绪底事，爱文化是理智底事。 |

## 老舍

| | |
|---|---|
| 原　名： | 舒庆春 |
| 字： | 舍予 |
| 生卒年： | 1899 年—1966 年 |
| 身　份： | 中国现代小说家、语言大师、人民艺术家 |
| 代表作： | 《骆驼祥子》《四世同堂》《茶馆》 |
| 名　言： | 1. 人是为明天活着的，因为记忆里有朝阳晓露。<br>2. 生命是延续，是进步，是活在今天而关切着明天的人类福利。 |

## 冰心

| | |
|---|---|
| 原　名： | 谢婉莹 |
| 生卒年： | 1900 年—1999 年 |
| 身　份： | 中国现代诗人、儿童文学作家 |
| 代表作： | 《繁星》《春水》《寄小读者》 |
| 名　言： | 1. 愿你生命中有足够多的云翳，来造一个美丽的黄昏。<br>2. 母亲啊！天上的风雨来了，鸟儿躲到它的巢里；心中的风雨来了，我只躲到你的怀里。 |

背诵打卡

背诵时间

| 第1天 | 第2天 | 第4天 | 第7天 | 第15天 | 第30天 | 第90天 |
|---|---|---|---|---|---|---|
| □ | □ | □ | □ | □ | □ | □ |

# 每个人都会遇到“情绪的雨天”

## 情境漫画

## 通才进阶笔记

### 朋友难过时，应该怎么做？

1 表达关心和支持，陪伴在他身边，让朋友知道你在乎他的感受。

2 鼓励朋友分享自己的感受和问题，只有这样，事情才能更好地解决。

3 做个善于倾听的“树洞”，倾听朋友的烦恼和问题，理解他的情绪和感受。

## 通才问答课堂

### 古人雨天穿什么？

答案 穿蓑（suō）衣、戴斗笠。蓑衣和斗笠都是古代常用的防雨器具。诗人张志和也曾在诗中写道：青箬（ruò）笠，绿蓑衣，斜风细雨不须归。

## 巴金

原名：李尧棠

字：芾（fèi）甘

生卒年：1904 年—2005 年

身份：中国现代作家

代表作：激流三部曲（《家》《春》《秋》）、爱情三部曲（《雾》《雨》《电》）

名言：1. 奋斗就是生活，人生惟有前进。

2. 生命的意义在于付出、在于给予，而不是在于接受，也不是在于争取。

## 艾青

原名：蒋正涵

字：养源

生卒年：1910 年—1996 年

身份：中国现代诗人、画家

代表作：《大堰河——我的保姆》《光的赞歌》《黎明的通知》

名言：为什么我的眼里常含泪水？因为我对这土地爱得深沉……

## 萧红

原名：张秀环

生卒年：1911 年—1942 年

身份：中国近现代作家，“民国四大才女”之一

代表作：《呼兰河传》《生死场》

名言：1. 是山么，是山你就高高的；是河么，是河你就长长的。

2. 以后我必须不要家，到广大的人群中去，但我在玫瑰树下颤栗了，人群中没有我的祖父。

背诵打卡

背诵时间________

| 第 1 天 | 第 2 天 | 第 4 天 | 第 7 天 | 第 15 天 | 第 30 天 | 第 90 天 |
|---|---|---|---|---|---|---|
| □ | □ | □ | □ | □ | □ | □ |

# 被朋友拒绝也没关系

## 情境漫画

## 通才进阶笔记

有的时候，朋友会因为各种原因拒绝我们。遭到拒绝时，不要因为愿望没达成而怪罪朋友，先了解他们拒绝你的原因和想法，这样可以帮助你们更好地相互理解。同时，我们在说出自己需求的时候，也要学着理解和尊重他人，这样友谊才能地久天长。

## 通才问答课堂

### “知音”一词是怎么来的？

答案 伯牙善于弹琴，钟子期善于欣赏。钟子期死后，伯牙认为世上再没有能听懂自己琴音的人，于是终生不再弹琴。伯牙和钟子期的友谊感动了后人，于是人们常用“知音”来形容朋友之间的深厚情谊。

## 丰子恺

原名：丰润

生卒年：1898年—1975年

身份：中国现代书画家、文学家、翻译家，被誉为“现代中国最艺术的艺术家”

代表作：《缘缘堂随笔》

名言：1. 人的一切生活，实用之外又必讲求趣味。一切东西，好用之外又求其好看。

2. 不乱于心，不困于情。不畏将来，不念过往。如此，安好。

## 沈从文

原名：沈岳焕

字：崇文

生卒年：1902年—1988年

身份：中国著名作家、历史文物研究者

代表作：《边城》《长河》《三三》

名言：1. 每一只船总要有个码头，每一只雀儿得有个巢。

2. 清水里不能养鱼，透明的心也一定不能积存辞藻。

## 许地山

笔名：落花生

生卒年：1893年—1941年

身份：中国现代作家

代表作：《落花生》《空山灵雨》

名言：1. 人要做有用的人，不要做只讲体面，而对别人没有好处的人。

2. 人很容易丢失，眼睛若见不到，就是渺渺茫茫无寻觅处。

背诵打卡 背诵时间______

| 第1天 | 第2天 | 第4天 | 第7天 | 第15天 | 第30天 | 第90天 |
| --- | --- | --- | --- | --- | --- | --- |
| □ | □ | □ | □ | □ | □ | □ |

# 好朋友有了新朋友，我感觉遭到冷落

## 情境漫画

## 通才进阶笔记

**感觉受到冷落时，可以采取一些行动改善：**

1. 告诉朋友你感到被冷落，他可能没有意识到他的行为对你造成了影响。
2. 尝试加入他们的新朋友圈或者寻找新的朋友，扩大自己的社交圈。
3. 尽管友谊很重要，但也应该保持独立，不要完全依赖你的朋友，应该要有自己的生活和兴趣爱好。

## 通才问答课堂

**你知道哪些值得称颂的友情呢？**

答案：
管鲍之交（管仲和鲍叔牙）
高山流水（钟子期和俞伯牙）
桃园结义（刘备、关羽、张飞）

## 冯骥才

生卒年：1942 年至今

身　份：中国当代作家、画家

代表作：《俗世奇人》《铺花的歧路》《灵魂不能下跪》

名　言：

1. 快乐把时光缩短，苦难把岁月拉长，一如这长长的仿佛没有尽头的苦夏。
2. 保存岁月最好的方式是致力把岁月变为永存的诗篇或画卷。
3. 生命的定义就是拥有明天。

## 史铁生

生卒年：1951 年—2010 年

身　份：中国作家、散文家

代表作：《我与地坛》《务虚笔记》《病隙碎笔》

名　言：

1. 命定的局限尽可永在，不屈的挑战却不可须臾或缺。
2. 人有一种坏习惯，记得住倒霉，记不住走运，这实在有失厚道，是对神明的不公。
3. 寂静的光辉平铺的一刻，地上的每一个坎坷都被映照得灿烂。

## 王安忆

生卒年：1954 年至今

身　份：中国当代作家、文学家

代表作：《长恨歌》《一把刀，千个字》

名　言：

1. 哪怕是这世界上的灰尘，太阳一出来，也是有歌有舞的。
2. 世界变成一条无边无岸的河，没有来路，没有去路，人在其中就不是漂，而是浮。
3. 小说的价值是开拓一个人类的神界。

背诵打卡

背诵时间

| 第 1 天 | 第 2 天 | 第 4 天 | 第 7 天 | 第 15 天 | 第 30 天 | 第 90 天 |
|---|---|---|---|---|---|---|
| □ | □ | □ | □ | □ | □ | □ |

# 家里多个孩子，爸爸妈妈还爱我吗？

## 情境漫画

有了妹妹后，爸爸妈妈就不爱我了，我不想要妹妹！
失落
想象中……
现实中……
哥哥好厉害啊！
有个孩子陪着子华，他也更开朗了呢！

## 通才进阶笔记

1. 家里有新孩子加入，可能会让你感到担忧，这很正常，但要记住，爸妈依然爱你。

2. 不要一个人胡思乱想生闷气，可以主动和爸爸妈妈沟通，不要总把情况往坏处想。

3. 弟弟妹妹的存在可以让你有机会与他们分享生活的点滴。他们是你生活中的伙伴，也是你成长路上的伙伴。

## 通才问答课堂

**孔子为什么叫孔仲尼？**

答案 在古代兄弟之间的排行中，伯是老大，仲排第二，叔排第三，季是最小的。孔子因出生在尼山，且是家里的第二个儿子，所以叫仲尼。

## 荷马

生卒年：公元前 9 世纪—公元前 8 世纪

身　份：古希腊诗人

代表作：《伊利亚特》《奥德赛》

名　言：1. 追逐影子的人，自己就是影子。

2. 只要我还活着，只要还能见到普照大地的阳光，深旷的海船旁就没有人敢对你撒野。

## 但丁

生卒年：1265 年—1321 年

身　份：意大利中世纪诗人，文艺复兴的开拓者

代表作：《神曲》

名　言：1. 怀疑有如草木之芽，从真理之根萌生。

2. 心可以为地狱，心可以为天堂。

## 安徒生

生卒年：1805 年—1875 年

身　份：丹麦童话作家

代表作：《卖火柴的小女孩》《海的女儿》《丑小鸭》

名　言：1. 仅仅活着是不够的，还需要有阳光、自由和一点花的芬芳。

2. 人生不是一个悲剧，就是一个喜剧。人们在悲剧中灭亡，但在喜剧中结为眷属。

背诵打卡 背诵时间＿＿＿＿

| 第 1 天 | 第 2 天 | 第 4 天 | 第 7 天 | 第 15 天 | 第 30 天 | 第 90 天 |
|---|---|---|---|---|---|---|
| □ | □ | □ | □ | □ | □ | □ |

# 爸爸妈妈工作忙，一个人在家好孤单

## 情境漫画

## 通才进阶笔记

1. 与父母沟通你的感受，告诉他们你感到孤单，并希望他们能抽出一些时间来陪伴你。

2. 参加课外活动或兴趣班，培养自己的兴趣爱好。这样你不仅可以学习新的技能，还可以认识新朋友。

3. 理解父母的工作，尊重他们的付出和努力，感激他们的辛勤劳动。

## 通才问答课堂

**唐代居然称父亲为哥哥？**

答案 唐代人称父亲为哥哥、大人、阿耶。“哥哥”在唐代既指父亲又指兄长。一般是父对子自称哥哥，或在和别人说话时称呼自己父亲为哥哥。

## 莎士比亚

生卒年：1564 年—1616 年

身　份：英国剧作家、诗人

代表作：《罗密欧与朱丽叶》《仲夏夜之梦》《威尼斯商人》

名　言：
1. 黑夜无论怎样悠长，白昼总会到来。
2. 我荒废了时间，时间便把我荒废了。
3. 逆境和厄运自有妙处。

## 维克多·雨果

生卒年：1802 年—1885 年

身　份：法国积极浪漫主义文学的代表作家

代表作：《悲惨世界》《巴黎圣母院》

名　言：
1. 有了物质，那是生存；有了精神，那才叫生活。
2. 让我们来献身。献身给善，献身给真，献身给正义。

## 夏洛蒂·勃朗特

生卒年：1816 年—1855 年

身　份：英国女作家

代表作：《简·爱》

名　言：
1. 我越是孤独，越是没有朋友，越是没有人支持我，我就越是得尊重自己。
2. 只能看到细微的缺陷，却对星球的万丈光芒视而不见。

背诵打卡

背诵时间

| 第1天 | 第2天 | 第4天 | 第7天 | 第15天 | 第30天 | 第90天 |
| --- | --- | --- | --- | --- | --- | --- |
| □ | □ | □ | □ | □ | □ | □ |

# 应该帮爸妈做家务吗？

## 情境漫画

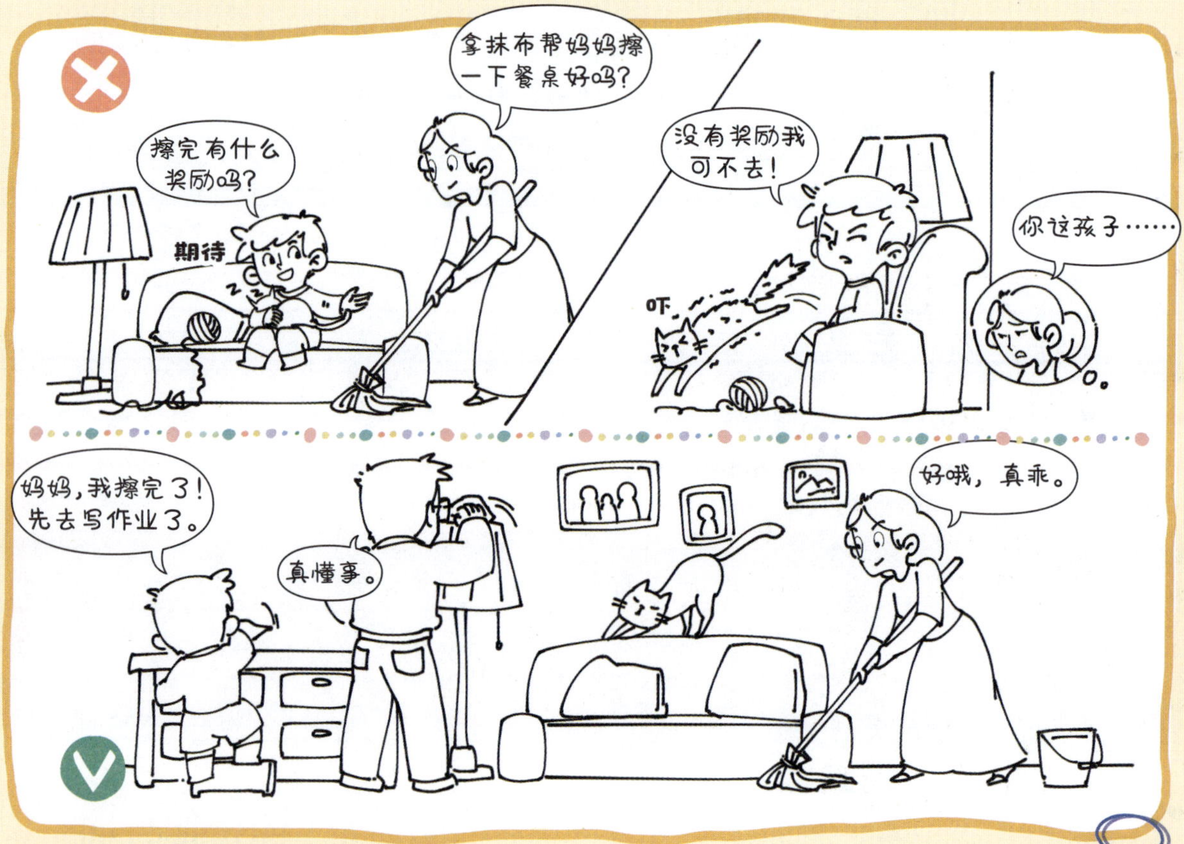


## 通才进阶笔记

### 为什么要帮爸爸妈妈做家务？

1. 通过做家务，我们可以表达对父母的关心和感激，同时也是在分担家庭责任。

2. 做家务能让我们学习到许多生活技能，如做饭、洗衣、打扫卫生等，培养自己独立生活的能力。

3. 与家人一起做家务可以增强亲子之间的互动，让家庭氛围更加温馨。

## 通才问答课堂

古人用什么清洁衣服？

答案：猪胰子皂、皂荚、草木灰等。孙思邈的书中有对“猪胰子皂”的相关记载。这种猪胰子皂由猪的胰腺与其他材料混合制成。

## 屠格涅夫

生卒年：1818 年—1883 年

身　份：19 世纪俄国批判现实主义作家

代表作：《猎人笔记》《父与子》

名　言：1. 你无论怎样喂狼，它的心总是向着树林的。

2. 一切不幸都是可以忍受的，天下没有逃不出的逆境。

## 列夫·托尔斯泰

生卒年：1828 年—1910 年

身　份：19 世纪中期俄国批判现实主义作家、思想家、哲学家

代表作：《战争与和平》《安娜·卡列尼娜》

名　言：1. 快乐是在于寻找真理，而不在于发现真理。

2. 一个有良知而纯洁的人，觉得人生是一件甜美而快乐的事。

3. 人的幸福存在于生活，生活存在于劳动之中。

## 马克·吐温

生卒年：1835 年—1910 年

身　份：美国作家、演说家

代表作：《百万英镑》《汤姆·索亚历险记》

名　言：1. 真理的靴子尚未穿上，谎言就跑遍世界。

2. 不要到处诉说世界有负于你，世界不欠你什么，因为它先你而存在。

背诵打卡 ☐

背诵时间＿＿＿＿

| 第 1 天 | 第 2 天 | 第 4 天 | 第 7 天 | 第 15 天 | 第 30 天 | 第 90 天 |
| --- | --- | --- | --- | --- | --- | --- |
| ☐ | ☐ | ☐ | ☐ | ☐ | ☐ | ☐ |

# 好奇怪，我总是不敢拒绝别人

## 情境漫画

## 通才进阶笔记

每个人都有遇到困难的时候，如果别人真的遇到困难，我们要尽可能地给予帮助。但是如果对方只是找借口偷懒，我们要学会拒绝，只有这样，才能不被“助人为乐”绑架。

要记住，助人为乐的前提是自愿。如果有人总是打着“帮忙”的旗号要求我们替他做事，我们要勇敢地拒绝。

## 通才问答课堂

古代有哪些名人放弃当官？

陶渊明、范蠡等。

## 泰戈尔

生卒年：1861 年—1941 年

身　份：印度诗人、文学家、哲学家

代表作：《飞鸟集》《吉檀迦利》

名　言：1. 让生如夏花之绚烂，死如秋叶之静美。

2. 错误经不起失败，但是真理不怕失败。

3. 世界以它的痛苦吻我，却要我回报以歌声。

## 罗曼·罗兰

生卒年：1866 年—1944 年

身　份：法国批判现实主义作家、思想家

代表作：《名人传》

名　言：1. 我创造，所以我生存。

2. 先相信自己，然后别人才会相信你。

3. 真理是生活，你不应当从你的头脑里去寻找。

## 高尔基

生卒年：1868 年—1936 年

身　份：苏联作家、诗人、评论家

代表作：《童年》《在人间》《我的大学》

名　言：1. 贫穷能使人沉沦，也能使人升华。

2. 对人来说，世界是一片暗夜，每个人必须给自己照亮道路。

背诵打卡　背诵时间 ______

| 第 1 天 | 第 2 天 | 第 4 天 | 第 7 天 | 第 15 天 | 第 30 天 | 第 90 天 |
|---|---|---|---|---|---|---|
| □ | □ | □ | □ | □ | □ | □ |

# 和同学吵架了怎么办？

## 情境漫画

## 通才进阶笔记

1. 学会自我约束，如果同学做了让自己不舒服的事情，不要用过激的方式来回应。

2. 学会宽容和谅解，试着从对方的角度看问题，理解对方的想法和感受。

3. 可以通过积极沟通或者互相道歉的方式来消除矛盾，修复与同学之间的友谊。

## 通才问答课堂

古人意见不同也绝交？

答案 因志向不同，嵇康曾写了一封绝交信给朋友山涛（字巨源），这封信名叫《与山巨源绝交书》。

## 欧·亨利

| | |
| --- | --- |
| 生卒年： | 1862 年—1910 年 |
| 身　份： | 美国短篇小说家、美国现代短篇小说创始人 |
| 代表作： | 《麦琪的礼物》《最后一片叶子》 |
| 名　言： | 1. 为生命画一片树叶，只要心存相信，总有奇迹发生，虽然希望渺茫，但它永存人世。<br>2. 当你爱着你的艺术，没有什么不能牺牲。 |

## 海明威

| | |
| --- | --- |
| 生卒年： | 1899 年—1961 年 |
| 身　份： | 美国作家、记者 |
| 代表作： | 《老人与海》《太阳照常升起》 |
| 名　言： | 1. 人不是为了失败而生的，一个人可以被毁灭，但不能被打败。<br>2. 生活让我们遍体鳞伤，可是后来，那些受过伤的地方终将长成我们最强壮的地方。 |

## 海伦·凯勒

| | |
| --- | --- |
| 生卒年： | 1880 年—1968 年 |
| 身　份： | 美国现代女作家、教育家、社会活动家 |
| 代表作： | 《假如给我三天光明》 |
| 名　言： | 1. 世界上最美丽的东西，看不见也摸不着，要靠心灵去感受。<br>2. 信心是一种心境，有信心的人不会在转瞬之间就消沉沮丧。 |

背诵打卡 ☐

背诵时间______

| 第 1 天 | 第 2 天 | 第 4 天 | 第 7 天 | 第 15 天 | 第 30 天 | 第 90 天 |
| --- | --- | --- | --- | --- | --- | --- |
| ☐ | ☐ | ☐ | ☐ | ☐ | ☐ | ☐ |

# 我不好意思向老师请教问题

## 情境漫画

## 通才进阶笔记

老师是为学生解答问题和提供帮助的人，如果你有不懂的地方或者遇到困难，可以随时向老师请教，不要不好意思。但向老师请教问题时，要用礼貌的语言和态度，可以说声“老师，您好！”；当老师回答完你的问题后，可以说一些感谢的话，如“谢谢老师的帮助”或者“谢谢老师的耐心解答”等。

## 通才问答课堂

古代有教师节吗？

答案 古代的教师节是每年农历八月廿七。这天是孔子的生日。

# 四书

## 《论语》

**作者** 孔子弟子及其再传弟子

**地位** 儒家经典著作

**内容** 全书以记言为主，记录了孔子及其弟子的言行，集中体现了孔子及儒家学派的政治主张、伦理思想、道德观念、教育原则等。

**名句** 三人行，必有我师焉。

## 《孟子》

**作者** 孟子及其弟子

**地位** 儒家经典著作

**内容** 书中记载了孟子及其弟子的政治、教育、哲学、伦理等思想观点和政治活动。

**名句** 富贵不能淫，贫贱不能移，威武不能屈。

## 《大学》

**出处** 《礼记》

**地位** 一篇论述儒家修身、齐家、治国、平天下思想的散文

**内容** 主要概括总结了先秦儒家道德修养理论，以及关于道德修养的基本原则和方法。

**名句** 大学之道，在明明德，在亲民，在止于至善。

## 《中庸》

**作者** 子思

**出处** 《礼记》

**内容** 是中国古代论述人生修养境界的一部道德和哲学专著，内容涉及为人处世之道、德行标准及学习方式等诸多方面。

**名句** 凡事预则立，不预则废。

go!

背诵打卡 背诵日期：

| 第 1 天 | 第 2 天 | 第 4 天 | 第 7 天 | 第 15 天 | 第 30 天 | 第 90 天 |
|---|---|---|---|---|---|---|
| ○ | ○ | ○ | ○ | ○ | ○ | ○ |

# 凭什么总要求我让着弟弟妹妹？

## 情境漫画

## 通才进阶笔记

尊老爱幼是中华民族的传统美德，弟弟妹妹年纪更小，需要更多的照顾和关爱。但这并不意味着必须要无条件地让着弟弟妹妹，如果受到了不公平的对待或者弟弟妹妹的行为超出了你的承受范围，可以与爸爸妈妈或者弟弟妹妹协商，共同寻找解决方案。

## 通才问答课堂

**孔融让的为什么是梨，而不是苹果？**

答案 在汉代，中国还没有苹果，苹果是19世纪才传入中国的，其原产地在欧洲、中亚、西亚等地区。

## 五经

名著篇

### 《诗经》

**别名** 《诗》《诗三百》

**地位** 我国第一部诗歌总集

**内容** 《诗经》内容丰富，分为风、雅、颂三部分，反映了劳动与爱情、战争与反抗、风俗与婚姻、祭祖与宴会等方方面面，是周朝社会生活的一面镜子。

**名句** 昔我往矣，杨柳依依。今我来思，雨雪霏霏。

### 《周易》

**地位** 被誉为“大道之源”

**内容** 包括《易经》和《易传》，《经》主要涵盖六十四卦和三百八十四爻，卦和爻各有说明（卦辞、爻辞），作为占卜之用。《传》包含解释卦辞和爻辞的七种文辞共十篇，统称《十翼》。

**名句** 天行健，君子以自强不息。地势坤，君子以厚德载物。

### 《尚书》

**别名** 《书》《书经》

**内容** 是一部记言的古史，反映了中国古代原始社会末期和奴隶制社会时期的历史状况。

**名句** 非知之艰，行之惟艰。

### 《礼记》

**内容** 主要记载了先秦时期的礼仪制度的产生、内容以及变迁，内容涉及哲学、历史、道德、祭祀、文艺、习俗等方方面面，还有大量的哲理名言、警句，对后人有着重要的借鉴意义。

**名句** 玉不琢，不成器；人不学，不知道。

### 《春秋》

**作者** 孔子

**地位** 我国第一部编年体史书

**内容** 记述了从公元前 722 年至公元前 481 年鲁国的重要史实。

背诵打卡 背诵日期：

| 第 1 天 | 第 2 天 | 第 4 天 | 第 7 天 | 第 15 天 | 第 30 天 | 第 90 天 |
|---|---|---|---|---|---|---|
| ○ | ○ | ○ | ○ | ○ | ○ | ○ |

go!

# 为什么大家都不和我玩？

情境漫画
教室里
我每次都会把零食分享给小明，可是昨天我看到他自己偷偷吃零食不给我。
窃窃私语
他怎么这样啊！
早上好啊！
小明
走，我们别理他。
“拉”
你踢吧，我们走了。
“拉”
“走”
我们一起踢球吧！
嗨~
体育课上
大家怎么都不理我？

## 通才进阶笔记

当朋友不和你一起玩的时候，首先需要反思自己。与朋友沟通看看是否自己有一些不恰当的举动，如果是自己的问题，积极地改正。如果自己没有问题，就不要过于在意他人的看法和态度。我们无法改变别人的态度和行为，但可以掌控自己的情绪和态度。

## 通才问答课堂

忘年之交的典故是指哪两个人？

答案 忘年之交是指年龄辈分不相同的人结交而成的朋友，从孔融和祢衡的故事引申而来。祢衡和孔融结交为好友时，祢衡未满二十岁，孔融已四十岁了。

## 农学著作

### 《齐民要术》

**作者** 贾思勰（xié）

**地位** 我国现存最早的一部完整的农书

**内容** 详细而系统地介绍了我国公元 6 世纪以前先民所累积的农业生产技术和经验。

### 《农政全书》

**作者** 徐光启

**内容** 基本上囊括了中国明代农业生产和人民生活的各个方面，其中还贯穿着徐光启治国治民的“农政”思想。

## 医学著作

### 《黄帝内经》

**地位** 我国现存最早的医学典籍

**内容** 分为《素问》和《灵枢》两部分。在黄老道家理论上建立了中医学上的“阴阳五行学说”“脉象学说”“藏象学说”“病症”“诊法”“论治”及“养生学”“运气学”等学说。

### 《伤寒杂病论》

**作者** 张仲景

**内容** 系统地分析了伤寒的原因、症状、发展阶段和处理方法，创造性地确立了对伤寒病的“六经分类”的辨证施治原则，奠定了理、法、方、药的理论基础。

### 《神农本草经》

**地位** 我国最早的中药学著作

**内容** 系统地总结了古代医家等各方面的用药经验，对已经掌握的药物知识进行了一次全面而系统的整理。

### 《本草纲目》

**作者** 李时珍

**地位** 被誉为“东方医学巨典”

**内容** 主要介绍历代诸家本草及中药基本理论等内容，涵盖了动植物、矿物以及人体组织等各个方面。

go!

**背诵打卡** 背诵日期：________

| 第 1 天 | 第 2 天 | 第 4 天 | 第 7 天 | 第 15 天 | 第 30 天 | 第 90 天 |
|---|---|---|---|---|---|---|
| ○ | ○ | ○ | ○ | ○ | ○ | ○ |

# 上课其实很有意思

## 情境漫画

### 通才进阶笔记

**上课总觉得无聊，可以尝试这样做：**

1. 课前做好充分的预习准备，了解学习内容就能增加对课程的兴趣。
2. 主动参与课堂讨论，积极与老师、同学互动。
3. 给自己设定学习目标，通过达成目标获得成就感。

### 通才问答课堂

**古代小学生上课学什么？**

答案：古代孩子的启蒙教材一般是“三百千”，即《三字经》《百家姓》《千字文》。

## 军事著作

### 《孙子兵法》

**作者** 孙武

**地位** 被誉为“兵学圣典”和“古代第一兵书”

**内容** 主要介绍战争的本质、目的、策略、战术和组织等方面的内容，对中国军事思想的形成与发展产生了深远影响。

### 《三十六计》

**内容** 根据中国古代军事思想和丰富的斗争经验总结而成的兵书，讲的是36个具有代表性的计谋。

## 地理著作

### 《徐霞客游记》

**作者** 徐霞客

**内容** 按日记述作者旅行时观察所得，对我国地理、水文、地质、植物等现象均做了详细记录，是系统考察中国地貌、地质的开山之作。

### 《山海经》

**地位** 我国最早的地理著作

**内容** 不仅是描述山川、物产、风俗、民情的大型地理著作，还是一部神话传说的大汇编。包含关于上古地理、历史、神话、天文、动物、植物等方面的诸多内容。

### 《水经注》

**作者** 郦道元

**地位** 我国古代最全面、最系统的综合性地理著作

**内容** 以《水经》为纲，详细记载了一千多条大小河流及有关的历史遗迹、人物掌故、神话传说等。

go!

背诵打卡 背诵日期：

| 第1天 | 第2天 | 第4天 | 第7天 | 第15天 | 第30天 | 第90天 |
| --- | --- | --- | --- | --- | --- | --- |
| ○ | ○ | ○ | ○ | ○ | ○ | ○ |

# 大胆提问，不要不懂装懂

## 情境漫画

## 通才进阶笔记

### 遇到不懂的问题怎么办？

1. 课上当老师询问是否听懂时，大胆说出自己的想法。

2. 课后遇到不懂的，要勇敢地寻求老师或者同学的帮助，不让问题遗留。

3. 不懂的地方就是薄弱的地方，要更加努力地学习，争取完全掌握。

## 通才问答课堂

你知道历史名人敢于提问的故事吗？

答案：孙中山先生小时候在私塾读书时，勇于独立思考，敢于质疑，为了弄懂书中的意思，不怕先生惩罚，大胆地向先生提出问题。

## 史书



### 《左传》

**作者** 左丘明

**地位** 我国古代第一部叙事完备的编年体史书

**内容** 记述了春秋时期甚至更为久远年代的社会文化与生活形态，涉及政治、经济、军事、外交、天文、地理、农业、医学、文艺等诸多领域。

### 《史记》

**作者** 司马迁

**地位** 我国第一部纪传体史书

**内容** 以人物为主线，记载了上至上古传说中的黄帝时代，下至汉武帝太初四年间共 3 000 多年的中国历史。

### 《战国策》

**作者** 刘向 等

**内容** 以战国时期策士的游说活动为中心，反映了战国时期的一些历史特点和社会风貌。

### 《三国志》

**作者** 陈寿

**内容** 是一部主要记载魏、蜀、吴三国鼎立时期的纪传体断代史。

### 《汉书》

**作者** 班固

**地位** 第一部纪传体断代史

**内容** 记载了从汉高祖元年（公元前 206 年）至地皇四年（公元 23 年）共 230 年的历史。

### 《资治通鉴》

**作者** 司马光

**内容** 记载了从战国时期到五代十国时期共 16 朝 1 362 年的历史，内容丰富，涉及政治、军事、经济、文化等各个领域。

go!

**背诵打卡** 背诵日期：________

| 第 1 天 | 第 2 天 | 第 4 天 | 第 7 天 | 第 15 天 | 第 30 天 | 第 90 天 |
|---|---|---|---|---|---|---|
| ○ | ○ | ○ | ○ | ○ | ○ | ○ |

# 给自己定个学习目标

## 情境漫画

要学的东西太多，不知道从哪下手？

我明明是按照同学的计划学的呀，怎么考的结果跟他不一样？
试卷

不知道如何设定合适的目标？

## 通才进阶笔记

### 制定学习目标的技巧

❶ 制定目标前，要对自己的实力有清楚的认识。

❷ 比起远大的目标，一个个短期的小目标实现起来会更轻松。

❸ 每次实现一个小目标，就给自己一个小奖励，这样会更有动力实现下一个目标。

## 通才问答课堂

**古代读书人的目标是什么？**

答案：受古代封建制度的影响，古代大部分读书人的终极目标是考取功名。

# 四大名著

## 《西游记》

**作者** 吴承恩

**地位** 我国古代第一部浪漫主义章回体长篇神魔小说

**内容** 以“玄奘取经”这一历史事件为蓝本，经过艺术加工，深刻地描绘了明代百姓的社会生活状况。主要讲述了孙悟空、猪八戒、沙悟净、白龙马保护唐僧西天取经，沿途降妖伏魔，历经九九八十一难，最终到达西天，取得真经，修成正果的故事。

## 《红楼梦》

**作者** 曹雪芹

**地位** 中国古典四大名著之首，被誉为“中国封建社会的百科全书”

**内容** 以贾、史、王、薛四大家族的兴衰为背景，以贾宝玉与林黛玉、薛宝钗的爱情婚姻悲剧为主线，描绘了一些闺阁佳人的人生百态，展现了人性美和悲剧美，是一部从各个角度展现中国古代社会百态的史诗性著作。

## 《水浒传》

**作者** 施耐庵

**内容** 全书描写了以宋江为首的108位好汉聚集在梁山泊起义，以及聚义之后接受招安、四处征战的故事。它再现了农民起义发生、发展、失败的过程，揭示了当时的社会矛盾，揭露了封建统治阶级的残暴和腐朽，反映了市民阶层的人生向往。

## 《三国演义》

**作者** 罗贯中

**地位** 中国文学史上第一部章回小说、历史演义小说的开山之作

**内容** 描写了从东汉末年到西晋初年近百年的历史风云，以战争为主，描述了东汉末年的群雄割据混战和魏、蜀、吴三国之间的政治和军事斗争，反映了三国时期各类社会斗争与矛盾的转化，塑造了一群叱咤风云的三国英雄人物。

go!

**背诵打卡** 背诵日期：________

| 第1天 | 第2天 | 第4天 | 第7天 | 第15天 | 第30天 | 第90天 |
| --- | --- | --- | --- | --- | --- | --- |
| ○ | ○ | ○ | ○ | ○ | ○ | ○ |

# 生活中的数学真有趣

## 情境漫画

## 通才进阶笔记

数学真的没有用吗？其实用心观察，就会发现生活处处都是数学。比如商品打折用到的是百分数的知识，分配东西用到的是平均数的知识，付钱时抹零用到的是“四舍五入”的知识……数学与我们的生活息息相关，它可以帮助我们解决大大小小的问题，因此，学好数学十分重要。

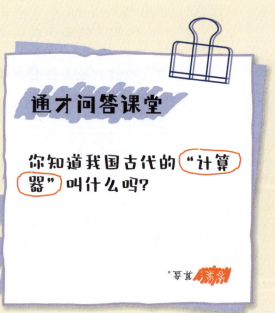

## 通才问答课堂

你知道我国古代的“计算器”叫什么吗？

算盘。

# 中国现当代文学名著

## 《朝花夕拾》

**作者** 鲁迅

**内容** 讲述了作者童年的生活和青年求学的历程，描述了自己从农村到城镇、从家庭到社会、从国内到国外的种种生活画面和人物情景，追忆了那些难忘的人和事，抒发了作者对往日亲友和师长的怀念之情。

## 《骆驼祥子》

**作者** 老舍

**内容** 描写了一个外号“骆驼”名叫“祥子”的人力车夫的悲惨遭遇，反映了生活在城市最底层的广大劳动人民的痛苦，暴露了旧社会的问题，表达了作者对劳动人民的深切同情。

## 《城南旧事》

**作者** 林海音

**内容** 将英子童年经历的 5 个故事集合在一起，透过主角英子童稚的双眼，向世人展现了大人世界的悲欢离合。小说以不断的“离去”来组织情节，推动故事的发展，反映了作者对童年的怀念和对北京城南的思念。

## 《呼兰河传》

**作者** 萧红

**内容** 作者以自己的童年生活为线索，把孤独的童年的故事串起来，形象地反映出呼兰河畔那座小城当年的社会风貌、人情百态。《呼兰河传》带有浓厚的乡土气息，具有独特的艺术风格。

go!

背诵打卡 背诵日期：________

| 第 1 天 | 第 2 天 | 第 4 天 | 第 7 天 | 第 15 天 | 第 30 天 | 第 90 天 |
|---|---|---|---|---|---|---|
| ○ | ○ | ○ | ○ | ○ | ○ | ○ |

# 上不完的兴趣班

## 情境漫画

## 通才进阶笔记

### 如何正确认识兴趣班？

1 上兴趣班是一种培养爱好的方式，可以提高我们的沟通能力、动手能力、审美能力、创造力等。

2 可以把兴趣班当作艺术世界的游乐场，试着在里面寻宝吧！

3 兴趣班里还能找到爱好相同的小伙伴噢！

## 通才问答课堂

古人童年时玩什么？

答案：放纸鸢、抓子儿、踢毽子等。

# 中国现当代文学名著

## 《稻草人》

**作者** 叶圣陶

**内容** 收录了叶圣陶具有代表性的经典童话故事，其中代表作《稻草人》通过一个富有同情心而又无能为力的稻草人的所见所思，真实地描写了20世纪初中国农村风雨飘摇的人间百态，展现了当时劳动人民的苦难。

## 《围城》

**作者** 钱钟书

**内容** 讲述了一个留洋归来的知识分子方鸿渐在爱情、事业上的追求与挣扎，以及他所面临的现代社会的人性、道德、文化等种种问题。这部作品凭借幽默风趣的笔触，以及深入人心的主题，成为中国文化宝库中的一部经典之作。

## 《边城》

**作者** 沈从文

**内容** 以20世纪30年代位于川湘交界处的边城小镇茶峒（边城镇）为背景，展现了湘西地区特有的风土人情，书中通过讲述翠翠、老船夫、商贩等普通人的生活，描绘出一种田园牧歌式的宁静与美好。

## 《繁星》《春水》

**作者** 冰心

**内容** 《繁星》和《春水》是冰心创作的两部诗集，包含三个内容：一是对母爱与童真的歌颂，二是对大自然的崇拜和赞颂，三是对人生的思考和感悟。其中有许多小诗被选入教材，深受读者的喜爱。

## 《寄小读者》

**作者** 冰心

**内容** 是冰心记述海外游历过程与心境的作品，主要记述了海外的风光和奇闻逸事，同时也抒发了她对祖国、对故乡的热爱和思念之情。

go!

**背诵打卡** 背诵日期：________

| 第 1 天 | 第 2 天 | 第 4 天 | 第 7 天 | 第 15 天 | 第 30 天 | 第 90 天 |
|---|---|---|---|---|---|---|
| ○ | ○ | ○ | ○ | ○ | ○ | ○ |

# 好的习惯让我成为学习高手

## 情境漫画

## 通才进阶笔记

### 怎样培养好习惯

❶ 把一件事连续坚持 21 天，这件事就会成为我们的习惯。

❷ 多观察别人的好习惯，学习他们的做法。

❸ 好习惯不是一朝一夕就能养成的，养成好习惯的前提是有耐心。

## 通才问答课堂

### 古人如何刷牙？

答案：常见的方法是用手指蘸着盐去擦牙齿，也有用杨柳枝、桑木等，把它们放在嘴里用牙齿咬开，里面的杨柳纤维就会支出来，像细小的木梳齿。

# 中国现当代文学名著

## 《雷雨》

**作者** 曹禺

**内容** 讲述了20世纪初两个家庭、八个人物、三十年恩怨的故事。作品通过错综复杂的矛盾冲突，展示了那个时代各阶层人物的生活轨迹，揭示了封建大家庭的问题和工人与资本家之间的矛盾。

## 《平凡的世界》

**作者** 路遥

**内容** 以孙少安和孙少平两兄弟为中心，刻画了众多普通人的形象。劳动与爱情、挫折与追求、痛苦与欢乐、日常生活与巨大社会冲突纷繁地交织在一起，深刻地展示了普通人在大时代历史进程中所走过的艰难曲折的道路。

## 《家》

**作者** 巴金

**内容** 描写了20世纪20年代初期四川成都一个封建大家庭的问题及腐朽，控诉了封建制度对生命的摧残，歌颂青年一代的反封建斗争以及民主主义的觉醒。

## 《我们仨》

**作者** 杨绛

**内容** 讲述了一个单纯、温馨的家庭几十年平淡无奇、相守相助、相聚相失的经历。作者以简洁而沉重的语言，回忆了先后离她而去的女儿和丈夫，以及一家三口那些快乐而艰难、爱与痛的日子。

## 《红高粱》

**作者** 莫言

**内容** 讲述了一个关于家族、爱情、抗日战争的故事。故事以高粱地中的一段恋情为主线，展现了抗日战争时期中国农村社会的生离死别和命运沉浮。

go!

**背诵打卡** 背诵日期：

| 第 1 天 | 第 2 天 | 第 4 天 | 第 7 天 | 第 15 天 | 第 30 天 | 第 90 天 |
|---|---|---|---|---|---|---|
| ○ | ○ | ○ | ○ | ○ | ○ | ○ |

# 劳逸结合，放松大脑

## 情境漫画

## 通才进阶笔记

做到劳逸结合，最重要的是合理规划学习时间，让自己更有效率地学习。不知道如何安排学习时间的话，可以尝试“番茄学习法”：一个“番茄时段”是 25 分钟，每 1 个“番茄时段”休息一下，每 4 个“番茄时段”后多休息一会儿，这样可以充分实现劳逸结合，保证大脑的专注。

## 通才问答课堂

我国历史上哪个朝代的放假时间最长？

答案：宋朝，一年有一百多天假，有近三分之一的时间可以休息。

## 外国文学名著

名著篇

### 《钢铁是怎样炼成的》

**作者** [苏联]尼古拉·奥斯特洛夫斯基

**内容** 这本书是作者根据自己的亲身经历写成的一部自传体小说。讲述了主人公保尔·柯察金从一个不懂事的少年到一个忠于革命的布尔什维克战士，再到双目失明却坚强不屈地创作小说，成为一名钢铁战士的故事。

### 《鲁滨逊漂流记》

**作者** [英国]丹尼尔·笛福

**内容** 鲁滨逊·克鲁索在一次去非洲航海的途中遇到风暴，漂流到一个无人的荒岛上，开始了一段与世隔绝的生活。他凭着坚忍的意志与不懈的努力，在荒岛上顽强地生活了28年2个月零19天，最终得以返回故乡。

### 《格列佛游记》

**作者** [英国]乔纳森·斯威夫特

**内容** 通过描写格列佛在利立浦特、布罗卜丁奈格、飞岛国、慧骃国四国的奇遇，反映了18世纪前半期英国统治阶级的腐败和问题。

### 《巴黎圣母院》

**作者** [法国]维克多·雨果

**内容** 巴黎圣母院副主教克洛德道貌岸然、蛇蝎心肠，先爱后恨，迫害吉卜赛女郎爱斯梅拉达。面目丑陋、心地善良的敲钟人卡西莫多为救女郎而舍身。小说揭露了宗教的虚伪，歌颂了下层劳动人民的善良、友爱，反映了雨果的人道主义思想。

背诵打卡

背诵日期：________

go!

| 第1天 | 第2天 | 第4天 | 第7天 | 第15天 | 第30天 | 第90天 |
| --- | --- | --- | --- | --- | --- | --- |
| ○ | ○ | ○ | ○ | ○ | ○ | ○ |

# 战胜“拖延”这个大对手

## 情境漫画

为什么作业总是写不完？

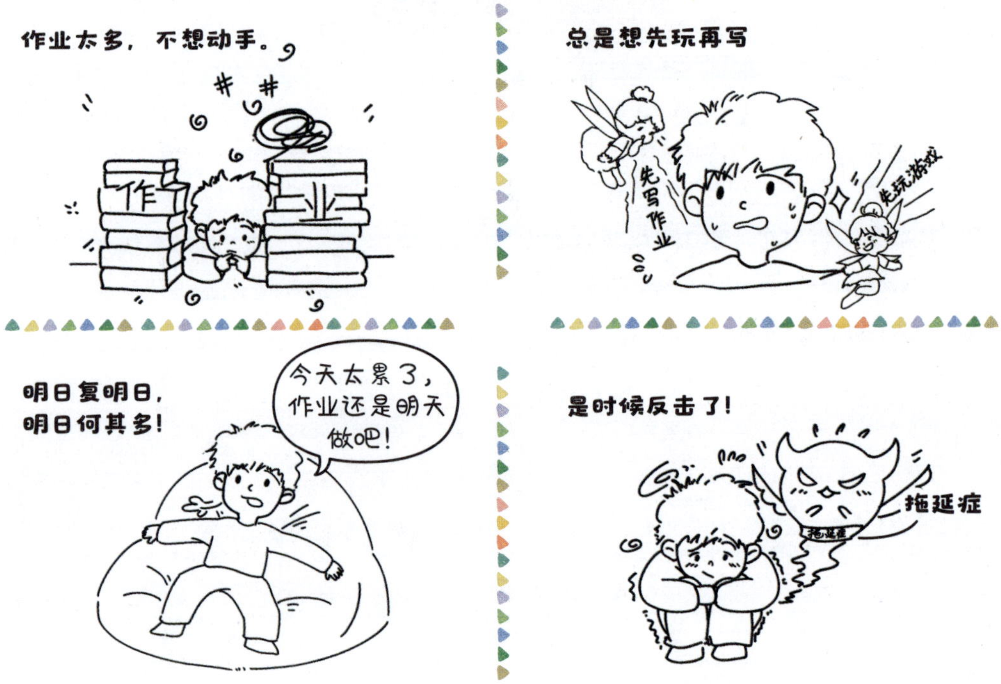
作业太多，不想动手。
作
业
总是想先玩再写
先写作业
先玩游戏
明日复明日，
明日何其多！
今天太累了，作业还是明天做吧！
是时候反击了！
拖延症

## 通才进阶笔记

拖延症就像弹簧，你强它就弱，你弱它就强，快来用这些方法战胜拖延症吧！第一，合理规划时间，做时间的主人。第二，将要做的事情分轻重缓急，先完成最要紧的事情。第三，今日事今日毕，绝不留给明天。

## 通才问答课堂

古代有哪些高效的时间管理者？

答案：朱元璋、徐霞客、雍正等。

# 外国文学名著

## 《汤姆·索亚历险记》

**作者** [美国]马克·吐温

**内容** 讲述了以汤姆·索亚为首的一群孩子在密西西比河畔的小镇上发生的各种冒险故事，展现了他们的天真、调皮和机智。通过描绘他们的冒险经历，对美国虚伪庸俗的社会习俗、伪善的宗教仪式和刻板陈腐的学校教育进行了讽刺和批判。

## 《伊索寓言》

**作者** [古希腊]伊索

**内容** 收录有300多则寓言，内容大多与动物有关。书中讲述的故事简短精练，刻画出来的形象鲜明生动，每则故事都蕴含哲理：有的揭露和批判社会矛盾；有的抒发对人生的领悟；有的总结日常生活经验。

## 《格林童话》

**作者** [德国]雅各布·格林和威廉·格林

**内容** 以丰富的想象、优美的语言给孩子们讲述了一个个神奇而又浪漫的童话故事。既有美丽的白雪公主、勤劳的灰姑娘、勇敢的小裁缝，也有傲慢的公主、邪恶的皇后、狡猾的大野狼，无论是人、小动物还是小花小草，个个都活灵活现。

## 《安徒生童话》

**作者** [丹麦]安徒生

**内容** 共由166篇故事组成，内容热情歌颂劳动人民，赞美他们的善良和纯洁；无情地揭露和批判王公贵族们的愚蠢、无能、贪婪和残暴。其中较为闻名的故事有《海的女儿》《丑小鸭》《卖火柴的小女孩》《拇指姑娘》等。

go!

背诵打卡 ✓ 背诵日期：______

| 第1天 | 第2天 | 第4天 | 第7天 | 第15天 | 第30天 | 第90天 |
|---|---|---|---|---|---|---|
| ○ | ○ | ○ | ○ | ○ | ○ | ○ |

# 归纳总结
# 让学习事半功倍

## 情境漫画

听懂了一道题，再遇到同样的题就犯难了。
这两道题里的长方形完全不一样啊！
苦
恼


## 通才进阶笔记

**学会归纳总结能够化解50%的学习难题：**

1. 多观察、勤动脑、会分析，学会找到事物的共性与规律。
2. 做题目不仅要看表面，还要学会透过现象看本质，用一个知识点举一反三。
3. 学会做学习笔记，自己把知识条理化，复习时就能一目了然。

## 通才问答课堂

**古代的书籍如何分类？**

答案 古书最流行的分类方法是“四部”分类法，即将书籍分为经部、史部、子部、集部。这种分类方法起源于魏晋时期，完备于清代。

## 外国文学名著

### 《柳林风声》

**作者** [英国]肯尼斯·格雷厄姆

**内容** 书中塑造了胆小怕事但又生性喜欢冒险的鼹鼠，热情好客、充满浪漫情趣的水鼠，侠义十足、具有领袖风范的老獾，喜欢吹牛、炫耀、追求时髦的蛤蟆，敦厚老实的水獭这些形象。他们生活在河岸或大森林里，有乐同享，有难同当。

### 《一千零一夜》

**别名** 《天方夜谭》

**内容** 一位国王生性残暴嫉妒，他每日娶一少女，第二天就杀掉。山鲁佐德为拯救无辜的女子，自愿嫁给国王，她用讲故事的方法吸引国王，每夜讲到最精彩处，天刚好亮了，国王因此允许她下一夜继续讲。她的故事一直讲了一千零一夜。

### 《爱丽丝梦游仙境》

**作者** [英国]刘易斯·卡罗尔

**内容** 讲述了一个名叫爱丽丝的小女孩为了追逐一只揣着怀表、会说话的兔子而不慎掉入了兔子洞，从而进入了一个神奇的国度并经历了一系列奇幻冒险的故事。

### 《尼尔斯骑鹅旅行记》

**作者** [瑞典]塞尔玛·拉格洛夫

**内容** 讲述了尼尔斯被变成拇指大的小不点，骑在鹅背上走南闯北，周游各地，历时八个月才返回家乡的故事。书中通过引人入胜的故事情节，对瑞典的地理和地貌、动物、植物、文化古迹、内地居民和偏僻少数民族地区的人民的生活和风俗习惯进行了真实的记录。

go!

背诵打卡　背诵日期：________

| 第 1 天 | 第 2 天 | 第 4 天 | 第 7 天 | 第 15 天 | 第 30 天 | 第 90 天 |
|---|---|---|---|---|---|---|
| ○ | ○ | ○ | ○ | ○ | ○ | ○ |

# 考试前给自己打个气

## 情境漫画

## 通才进阶笔记

考试其实是一件非常平常的事，同学们千万不要过度紧张。如果你深受“考试焦虑症”困扰，不妨试试这样做：第一，把考试当作一件普通的事，不要过分在意得失和结果；第二，平时好好学习，考前充分复习，不要临时“抱佛脚”；第三，考试之前给自己打个气，相信自己一定行！

## 通才问答课堂

古代人科考前会做什么？

答案：拜考神（以“文昌帝君”为主），吃头彩，求上签。

## 《昆虫记》

**作者** [法国]法布尔

**内容** 是一部概括昆虫的种类、特征、习性的昆虫学著作，记录了昆虫真实的生活，描述了昆虫为生存而斗争时表现出的灵性。作者将昆虫的多彩生活与自己的人生感悟融为一体，用人性去看待昆虫，字里行间都透露出作者对生命的尊敬与热爱。

## 《海底两万里》

**作者** [法国]儒勒·凡尔纳

**内容** 讲的是阿龙纳斯教授一行人在海洋深处旅行的故事。他们从太平洋出发，经过印度洋、红海、地中海、大西洋，看到许多罕见的海生植物和水中的奇异景象，也经历了许多危险。

## 《假如给我三天光明》

**作者** [美国]海伦·凯勒

**内容** 前半部分主要描写了海伦变成盲聋人后的生活，后半部分则描写了海伦的求学生涯。书中也介绍了她丰富多彩的生活以及参与慈善活动的经历等。她从一个身残志坚的柔弱女子的视角出发，告诫人们应珍惜生命。

## 《童年》

**作者** [苏联]高尔基

**内容** 讲述了阿廖沙（高尔基的乳名）三岁到十岁这一时期的童年生活，生动地再现了19世纪七八十年代沙俄下层人民的生活状况，写出了高尔基对苦难的认识，对社会、人生的独特见解，字里行间涌动着一股生生不息的热望与坚强。

go!

**背诵打卡** 背诵日期：________

| 第1天 | 第2天 | 第4天 | 第7天 | 第15天 | 第30天 | 第90天 |
| --- | --- | --- | --- | --- | --- | --- |
| ○ | ○ | ○ | ○ | ○ | ○ | ○ |

# 考试时不要和难题较劲

## 情境漫画

如果在考试中，遇到不会做的题目，你会怎么做呢？（ ）

## 通才进阶笔记

考试遇到难题的正确做法：

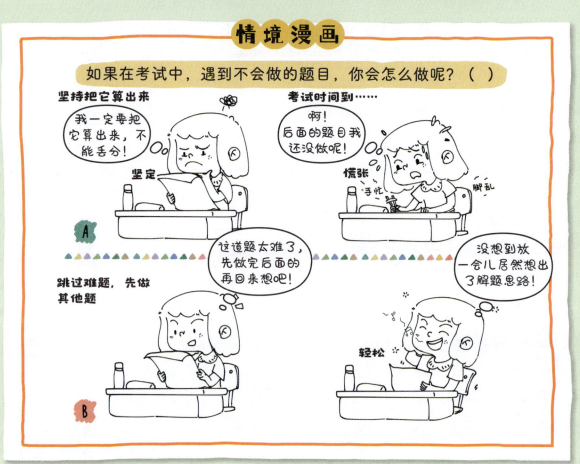

❶ 保持冷静，越慌张，越会影响考试发挥。

❷ 一时想不出来，先跳过，把有限的时间留给其他题目。

❸ 难题就是学习薄弱的地方，考试结束后要及时对知识点查漏补缺。

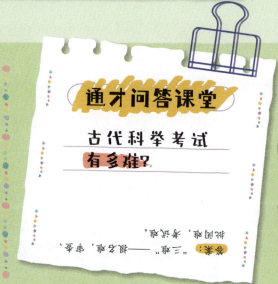

## 通才问答课堂

古代科举考试有多难？

答案：“三难”——报名难，审查、批阅难，考试难。

## 《老人与海》

**作者** [美国]海明威

**内容** 围绕一位名叫圣地亚哥的老渔夫与一条巨大的马林鱼在湾流中搏斗而展开的故事。海明威笔下的老人泰然自若地接受失败，沉着勇敢地面对死亡，体现了海明威的人生哲学和道德理想，即人类不向命运低头、永不服输的斗士精神和积极向上的乐观的人生态度。

## 《堂吉诃德》

**作者** [西班牙]塞万提斯

**内容** 堂吉诃德因沉迷于骑士小说，决定外出历险，做一名行侠仗义的骑士。他找来同村的农民桑丘·潘沙做他的侍从，三次外出历险，游走天下，做出了种种与时代相悖、匪夷所思的行径，结果四处碰壁，最终放弃行侠游历。

## 《哈姆雷特》

**作者** [英国]莎士比亚

**内容** 讲述了丹麦王子哈姆雷特在德国留学期间，父亲被叔叔克劳狄斯杀害，凶手掩盖真相，篡夺王位，最后哈姆雷特费尽周折为父亲报仇的故事。作品中所包含的复杂的人物性格以及丰富、完美的悲剧艺术手法，代表着整个西方文艺复兴时期文学的最高成就。

## 《雾都孤儿》

**作者** [英国]狄更斯

**内容** 以雾都伦敦为背景，讲述了一个孤儿悲惨的身世及遭遇。主人公奥利弗在孤儿院长大，经历学徒生涯，艰苦逃难，误入贼窝，又被迫与狠毒的凶徒为伍，历尽无数辛酸，最后在善良人的帮助下，查明身世并获得了幸福。

go!

**背诵打卡** 背诵日期：________

| 第 1 天 | 第 2 天 | 第 4 天 | 第 7 天 | 第 15 天 | 第 30 天 | 第 90 天 |
|---|---|---|---|---|---|---|
| ○ | ○ | ○ | ○ | ○ | ○ | ○ |

# 学习也要“知错就改”

## 情境漫画

## 通才进阶笔记

对于错题，我们不能坐视不管，这样只会一错再错，可以尝试这样做：第一，考试后学会反思、总结，养成写错题本的习惯；第二，错题本的目的是总结错误，因此要时常复习错题本的内容，这样才能起到改正错误的作用。

## 通才问答课堂

**没有涂改液，古代人写错字怎么办？**

答案 在竹简上写错字，可以直接用小刀刮掉；在纸上写错字，可以用纸贴在错字上，也可以用铅粉、雌黄等涂在错别字上。

## 二十八宿

二十八星宿，是中国古代天文学家为观测日、月、五星运行而划分的二十八个星区。上古时代，我国先民在靠近黄道面的一带仰望星空，将黄道附近的星象划分成若干个区域，称之为二十八宿，又将这二十八宿按方位分为东、南、西、北四宫，每宫七宿，分别将各宫所属的七宿连缀、想象为一种动物，分别是“东方青龙”“南方朱雀”“西方白虎”“北方玄武”，以之为“天之四灵，以正四方”。

## 北斗七星

北斗七星是指在北方天空排列成斗形的七颗星，它们由天枢、天璇、天玑、天权、玉衡、开阳、摇光组成。其中，天枢、天璇、天玑、天权组成斗身，古曰“魁”；玉衡、开阳、摇光组成斗柄，古曰“杓”（sháo）。

在古代，人们利用北斗七星辨别方向，判断季节。把天璇、天枢连成直线并延长约 5 倍的距离，就可以找到北极星，即北方的标志。北斗七星在不同季节和夜晚不同的时间，会出现在天空中不同的方位。由于它们看起来像在围绕着北极星转动，所以古人又根据黄昏时斗柄所指的方向来判断季节：斗柄指东，天下皆春；斗柄指南，天下皆夏；斗柄指西，天下皆秋；斗柄指北，天下皆冬。

背诵打卡

01　02　04　07　15　30　90

背诵日期 ______

# 一遇到挫折就泄气怎么办？

## 情境漫画

## 通才进阶笔记

**学习中遇到挫折，可以这样做：**

1. 学会客观分析遇到挫折的原因，积极调整心态。
2. 相信挫折只是暂时的，一切都在变化中，要保持乐观的心态，坚持就是胜利。
3. 对自己要有信心——相信自己能够通过努力从挫折中获得进一步的提升，多看看自己已经取得的进步。

### 通才问答课堂

**古代人鼓舞打气也说“加油”吗？**

答案：古代没有“加油”这个说法，古代汉语中接近“加油”这个意思的词语是“勉之”。

## 天干地支

天干地支，简称为干支，源自中国远古时代对天象的观测。“十天干”分别是甲、乙、丙、丁、戊、己、庚、辛、壬、癸，“十二地支”分别是子、丑、寅、卯、辰、巳、午、未、申、酉、戌、亥。

十天干和十二地支依次相配，组成六十个基本单位，两者按固定的顺序相互配合，组成了干支纪元法。

### 六十甲子表

| | | | | | |
|---|---|---|---|---|---|
| 甲子 | 乙丑 | 丙寅 | 丁卯 | 戊辰 | 己巳 |
| 庚午 | 辛未 | 壬申 | 癸酉 | 甲戌 | 乙亥 |
| 丙子 | 丁丑 | 戊寅 | 己卯 | 庚辰 | 辛巳 |
| 壬午 | 癸未 | 甲申 | 乙酉 | 丙戌 | 丁亥 |
| 戊子 | 己丑 | 庚寅 | 辛卯 | 壬辰 | 癸巳 |
| 甲午 | 乙未 | 丙申 | 丁酉 | 戊戌 | 己亥 |
| 庚子 | 辛丑 | 壬寅 | 癸卯 | 甲辰 | 乙巳 |
| 丙午 | 丁未 | 戊申 | 己酉 | 庚戌 | 辛亥 |
| 壬子 | 癸丑 | 甲寅 | 乙卯 | 丙辰 | 丁巳 |
| 戊午 | 己未 | 庚申 | 辛酉 | 壬戌 | 癸亥 |

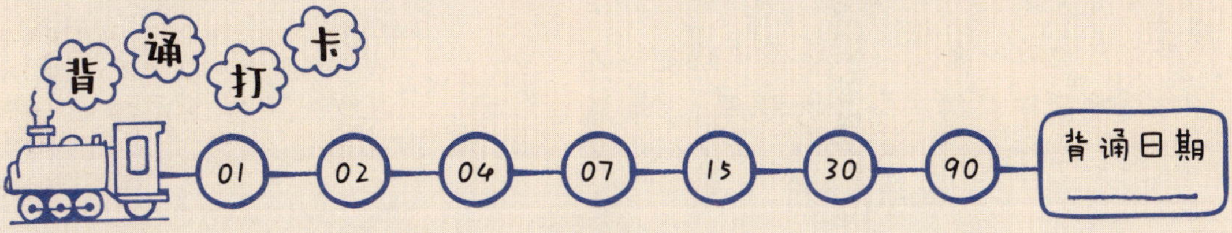

# 给自己找一个学习榜样

## 情境漫画

## 通才进阶笔记

### 为什么要有一个学习榜样？

❶ 学习不是闭门造车，大家可以互相借鉴。

❷ 借鉴榜样的学习方法和经验，有助于提高自己的成绩。

❸ 好朋友之间互相学习、互相鼓励还会增进彼此之间的友谊。

## 通才问答课堂

### 为什么把模范人物称为“楷模”？

答案：“楷”“模”原来指两种树，北宋人孙奕在《履斋示儿编》中提到“孔子冢上生楷，周公冢上生模，故后世人以为楷模”。

## 纪年法

**王公即位年次纪年法：**用王公在位年数来纪年。例如，《廉颇蔺相如列传》中“赵惠文王十六年”。

**年号纪年法：**从汉武帝起，帝王即位都有年号，后就用帝王年号来纪年。例如，《岳阳楼记》中“庆历四年春”指的是宋仁宗赵祯即位的第四年春天，《琵琶行》中“元和十年”指的是唐宪宗李纯即位的第十年。

**生肖纪年法：**我国民间推行的一种与干支密切相关的纪年方法，用十二生肖兽名称作为年名并与地支对应。

## 纪月法

**序数纪月法：**正月、二月、三月、四月、五月、六月、七月、八月、九月、十月、十一月（冬月）、十二月（腊月）。

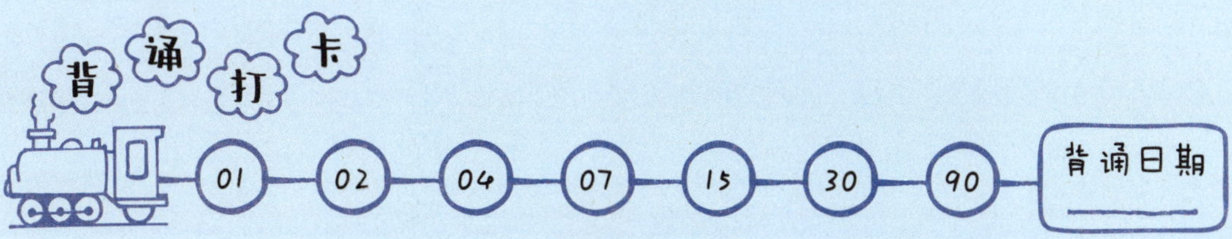

# 不要忘了给自己一些奖励

## 情境漫画

对于奖励，你是不是也有这样的烦恼？

想要奖励不好意思说，害怕被拒绝。

妈妈，我这次作文比赛拿了二等奖，可以要一个奖励吗？
拒绝
这有什么好奖励的，又不是一等奖！

担心用奖励的形式激励自己学习，自己会变得越来越贪心。

## 通才进阶笔记

**正确认识奖励：**

① 达成一个学习目标后给自己一个奖励，可以让我们更有成就感。

② 只要努力了就值得被赞赏，奖励只是把赞赏体现在了礼物上。完成了目标，就可以勇敢地向爸妈提出合理的奖励，被拒绝了也没关系。

③ 学习中的奖励要合理，小目标小奖励，大目标大奖励。

## 通才问答课堂

**你知道古代就有“见义勇为奖”吗？**

答案：明朝颁布的《大明令》中就提到过“凡常人捕获强盗一名、窃贼二名，各赏银二十两；强盗五名以上，窃盗十名以上，各与一官”，奖励勇于同犯罪行为作斗争的人。

## 纪日法

**序数纪日法（大月三十日、小月二十九日）：**初一、初二、初三、初四、初五、初六、初七、初八、初九、初十、十一、十二…… 廿九、三十。

**月相纪日法：**指用“朔、朏(fěi)、望、既望、晦”等表示月相的特称来纪日。每月第一天叫“朔”，每月初三叫“朏”，月中叫“望”（小月十五日，大月十六日），“望”后这一天叫“既望”，每月最后一天叫“晦”。

## 纪时法

**天色纪时法：**古人最初是根据天色的变化将一昼夜划分为十二个时辰的，它们的名称是：夜半、鸡鸣、平旦、日出、食时、隅（yú）中、日中、日昳（dié）、晡（bū）时、日入、黄昏、人定。

**地支纪时法：**以十二地支来表示一昼夜十二时辰的变化。

古代的天色纪时、地支纪时与现在序数纪时对应关系表

| 天色纪时 | 夜半 | 鸡鸣 | 平旦 | 日出 | 食时 | 隅中 |
|---|---|---|---|---|---|---|
| 地支纪时 | 子 | 丑 | 寅 | 卯 | 辰 | 巳 |
| 现代纪时 | 23–1 点 | 1–3 点 | 3–5 点 | 5–7 点 | 7–9 点 | 9–11 点 |
| 天色纪时 | 日中 | 日昳 | 晡时 | 日入 | 黄昏 | 人定 |
| 地支纪时 | 午 | 未 | 申 | 酉 | 戌 | 亥 |
| 现代纪时 | 11–13 点 | 13–15 点 | 15–17 点 | 17–19 点 | 19–21 点 | 21–23 点 |

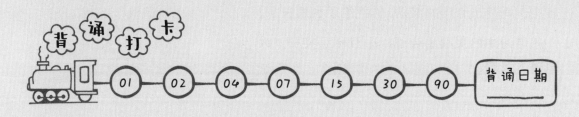

# 把不喜欢的科目变成喜欢的科目

## 情境漫画

总有一个不喜欢学数学的理由

### 通才进阶笔记

不喜欢某个科目，不一定是这个科目学起来无聊或者太难，可以尝试找到自己不喜欢这个科目的原因，并尝试去解决。比如，如果不喜欢数学是因为不喜欢老师的讲课风格，可以主动与老师沟通，或者尝试适应老师的教学方法和内容。

### 通才问答课堂

**古代教育中的“六艺”分别是什么？**

答案：六艺——礼、乐、射、御、书、数，分别指礼节、音乐、军事射箭技术、驾驭马车的技术、书法（识字、书写）、算数。

## 五更

我国古代民间把夜晚分成五个时间段，在首尾及三个节点用鼓打更报时，所以叫作五更、五鼓或五夜。

| 五更 | | | | | |
|---|---|---|---|---|---|
| 地支纪时 | 甲夜 | 乙夜 | 丙夜 | 丁夜 | 戊夜 |
| 更名 | 一更 | 二更 | 三更 | 四更 | 五更 |
| 现代时间 | 19:00—21:00 | 21:00—23:00 | 23:00—01:00 | 01:00—03:00 | 03:00—05:00 |

## 谚语

### 气象

- 朝霞不出门，晚霞行千里。
- 有雨山戴帽，无雨半山腰。
- 立了秋，把扇丢。
- 日昏三更雨，月昏午时风。
- 蜻蜓飞得低，出门带蓑衣。
- 天上鱼鳞斑，晒谷不用翻。
- 立秋无雨，秋天少雨。
- 霜重见晴天，雪多兆丰年。

### 农业

- 春雷响，万物长。
- 春雨贵似油，多下农民愁。
- 立春三场雨，遍地都是米。
- 清明前后，种瓜点豆。
- 芒种不种，过后落空。
- 白露天气晴，谷米白如银。
- 六月盖了被，田里不生米。
- 霜降见霜，米谷满仓。

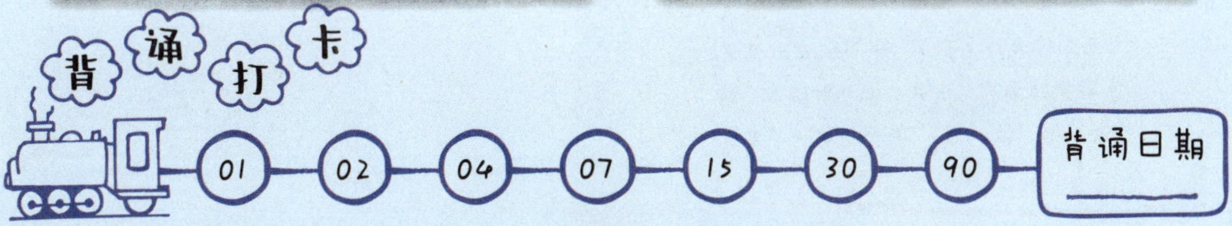

# 预习是一种科学的学习习惯

## 情境漫画

## 通才进阶笔记

预习是一种科学的学习习惯，它能帮助我们快速掌握新知识，从而在课堂上更加轻松地跟上老师的节奏。想要科学预习，可以试着这样做：先利用标题归纳出新课的知识框架；然后逐字逐句地读，根据自己的理解标注出重点和难点，比如生字、词等。

## 通才问答课堂

**古人开学前要准备些什么？**

答案：一般必不可少的有三样：一份“束脩”（xiū），即学生为表示对老师的敬意而奉赠的礼物；一件“青衿”，相当于现在的学生服；一套“笈（jí）囊（náng）”，即放置书本、衣服等用品的收纳工具。

## 二十四节气

二十四节气，是历法中表示自然节律变化以及确立“十二月建”的特定节令。二十四节气准确地反映了自然节律变化，在人们日常生活中发挥了极为重要的作用。

### 春天

**立春：** 公历 2 月 3、4 或 5 日。我国习惯以立春作为春季的开始，此时人们准备春耕。

**雨水：** 公历 2 月 18、19 或 20 日。标志着气温回升，降雨增多。

**惊蛰：** 公历 3 月 5、6 或 7 日。天气转暖，可能会出现春雷，人们开始春耕。

**春分：** 公历 3 月 20、21 或 22 日。这一天太阳直射赤道，南北半球昼夜等长。

**清明：** 公历 4 月 4、5 或 6 日。气温升高，降雨增多，是春耕春种的好时节。还有扫墓祭祖、踏青等习俗。

**谷雨：** 公历 4 月 19、20 或 21 日。气温回升，有利于谷类作物生长。

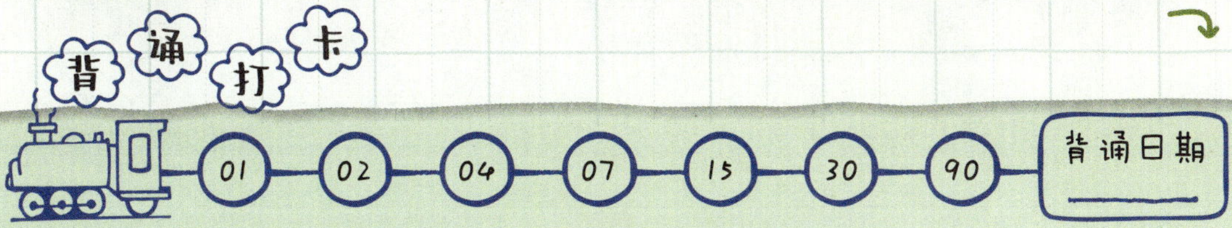

# 不要小瞧复习的作用

## 情境漫画

## 通才进阶笔记

**复习**是巩固知识、加深理解的好方法，科学复习可以这样做：

1. 每天睡前在脑海里过一遍当天学习的内容。
2. 根据自己的记忆习惯，找到最适合自己的复习频率和复习时间。
3. 仅仅进行考前复习不够，要把复习变成日常的学习习惯。

## 通才问答课堂

**古代的学生有课后作业吗？**

答案：有。《学记》中提到："时教必有正业，退息必有居学"，意思是"按照一定的时间进行正课的学习，休息的时候也必须有课外练习"，其中的"居学"可以理解为"课后作业"。

## 夏天

**立夏：**公历5月5、6或7日。我国习惯以立夏作为夏季的开始。

**小满：**公历5月20、21或22日。小麦、大麦等作物的籽粒逐渐饱满。

**芒种：**公历6月5、6或7日。麦类等有芒针的夏收作物已经成熟，要抢收，而晚谷、黍等夏播作物要抢种。

**夏至：**公历6月21日或22日。这一天太阳直射北回归线，北半球白天最长，夜晚最短。开始进入炎热季节。

**小暑：**公历7月6、7或8日。这时天气炎热，黄河流域进入麦收期。

**大暑：**公历7月22、23或24日。一般是我国一年中最热的时候。

## 秋天

**立秋：**公历8月7、8或9日。我国习惯以立秋作为秋季的开始，此时气温开始下降。

**处暑：**公历8月22、23或24日。气温下降，天气转凉。北方谷子、春玉米、高粱、棉花等作物开始采收。

**白露：**公历9月7、8或9日。天气转凉，昼夜温差大，草木上容易出现露珠。

**秋分：**公历9月22、23或24日。昼夜等长，气温下降，雨量减少，秋高气爽，是北方秋收秋种的时候。

**寒露：**公历10月7、8或9日。昼夜温差大，早、晚可见草木上的露珠。

**霜降：**公历10月23或24日。此时强冷空气南下，黄河流域出现霜。

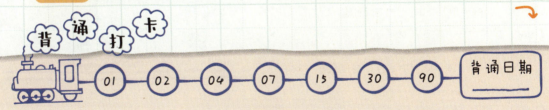

背诵打卡

01 02 04 07 15 30 90

背诵日期 ______

# 学会从失败中总结经验

## 情境漫画

比赛失败了，你会怎么做呢？（ ）

看来我真的不是这块料……
垂头丧气
A
都怪这个坏天气，影响我发挥！
气愤
B

一定是因为我没有好好练习，下次比赛一定充分准备！
打气
C

## 通才进阶笔记

**如何正确认识失败：**

❶ 失败和成功一样，是宝贵的经验。我们要从失败中吸取教训，不断提升自己。

❷ 失败后要学会向自己提问，及时总结失败的原因。

❸ 任何事情的失败都只是生活的一小部分，不要因为一次失败而否定自己。

## 通才问答课堂

古代总结前人经验改造造纸术的人是谁？

答案：蔡伦。

## 冬天

**立冬：**公历 11 月 7 或 8 日。我国习惯以立冬作为冬季的开始。

**小雪：**公历 11 月 22 或 23 日。强冷空气南下，黄河流域开始下雪，但雪量小。

**大雪：**公历 12 月 6、7 或 8 日。黄河流域降雪量开始增大，下雪频率增加。

**冬至：**公历 12 月 21、22 或 23 日。这一天太阳直射南回归线，北半球夜晚最长、白天最短。

**小寒：**公历 1 月 5、6 或 7 日。我国大部分地区进入严寒时期。

**大寒：**公历 1 月 20 或 21 日。一般是我国一年中最冷的时候。

## 二十四节气歌

春雨惊春清谷天，夏满芒夏暑相连。
秋处露秋寒霜降，冬雪雪冬小大寒。
每月两节不变更，最多相差一两天。
上半年来六廿一，下半年是八廿三。

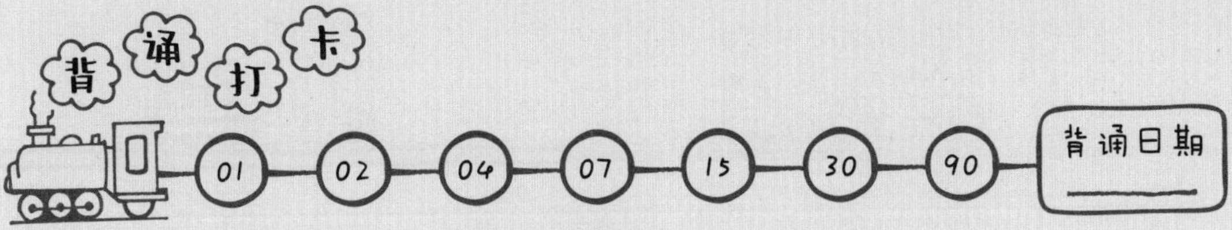

# 学习是我自己的事

## 情境漫画

### 通才进阶笔记

虽然父母和老师时常会监督我们学习，但我们应该认识到“学习是自己的事”，就算没有其他人在身边，我们也应该能够独立、主动地完成学习任务。

从现在开始，试着制订和遵守自己的学习计划，从独立完成任务中找到学习的乐趣吧！

### 通才问答课堂

古代科考作弊有什么处罚？

答案：古代对作弊的处罚主要有三种：羞辱（戴上枷锁示众）、斥革（革除功名）、刑责（发配充军、杖罚等）。

go!

## 山川地理

**中国：** 在古代文献中，它是一个多义的词。从春秋战国至宋、元、明、清，“中国”多用来泛指中原地区。比如，《庄子》：“中国之民，明乎礼义而陋乎知人心。”

**中华：** 古代称黄河流域一带为中华，其为汉族最初兴起的地方，后常用来泛指中原地区。

**中原：** 又称中土、中州，区别于边疆地区。狭义的中原泛指今河南省一带，广义的中原指今黄河中下游地区或整个黄河流域。

**九州：** 是传说中我国上古时期划分的九个行政区域，后成为中国的别称。比如，陆游《示儿》：“死去元知万事空，但悲不见九州同。”

**海内：** 古代传说，我国疆土四面环海，故称国境之内为海内。比如，王勃《送杜少府之任蜀州》：“海内存知己，天涯若比邻。”

**四海：** 泛指天下、全国。比如，《论语》中“四海之内皆兄弟也”。

**六合：** 指天地和东南西北四个角，泛指天下。比如，贾谊《过秦论》中“履至尊而制六合”。

**八荒：** 四面八方遥远的地方，犹称“天下”。

**江河：** 在古代许多文章中，“江”指长江，例如，《念奴娇·赤壁怀古》：“大江东去，浪淘尽，千古风流人物。”“河”指黄河，例如，《寡人之于国也》中“河内凶，则移其民于河东”。

**山水阴阳：** 古代以山南、水北为阳，以山北、水南为阴。

**三秦：** 秦亡，项羽三分秦故地关中，合称“三秦”，后为关中地区的别称。

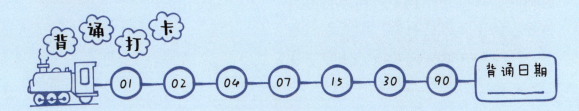

背诵打卡

01 02 04 07 15 30 90

背诵日期 ________

# 碰到自己的弱项要怎么办？

## 情境漫画

## 通才进阶笔记

每个人都有自己的弱项，但弱项并不是无法改变的。遇到弱项时，可以试试这样做：首先，正视自己的弱项，慢慢接触并学习。其次，不逃避弱项，从点滴开始发现弱项领域的乐趣，以体育运动为例，不喜欢羽毛球，就可以尝试从其他感兴趣的项目入手，发现运动的乐趣和成就感。

## 通才问答课堂

**我国古代有名的隐士有哪些？**

陶渊明、介子推、林逋（bū）等。

**百越：** 中国古代对南方越人的总称，分布在今浙、闽、粤、桂等地，因部落众多，故总称百越。

**江东：** 长江在安徽境内向东北方向斜流，因此以此段江为标准确定东西和左右。其所指区域有大小之分，可指南京一带，也可指安徽芜湖以下的长江下游南岸地区，即今苏南、浙江及皖南部分地区。比如，李清照《夏日绝句》：“至今思项羽，不肯过江东。”

**江左：** 指江东。古人在地理上以东为左，以西为右。

**江表：** 长江以外，指江南地区。比如，司马光《赤壁之战》中“江表英豪咸归附之”。

**江南：** 长江以南地区的总称，其所指区域因时而异。比如，白居易《忆江南》：“江南好，风景旧曾谙。”

**山东：** 作为一个地理区域的名称，最早始于战国时期，当时秦人称崤（xiáo）山、函谷关以东的地区为“山东”。

**关东：** 古代指函谷关或潼关以东的地区，后泛指山海关以东的东北地区。

**关西：** 指函谷关或潼关以西的地区。比如，杜甫《兵车行》：“且如今年冬，未休关西卒。”

**西域：** 汉代以后对玉门关、阳关以西地区的总称。

**朔漠：** 指北方的沙漠，也可单称“朔”，泛指北方。

**五岳：** 五大名山的总称，即东岳泰山、西岳华山、中岳嵩山、北岳恒山、南岳衡山。

**京畿：** 国都及其附近的地区。

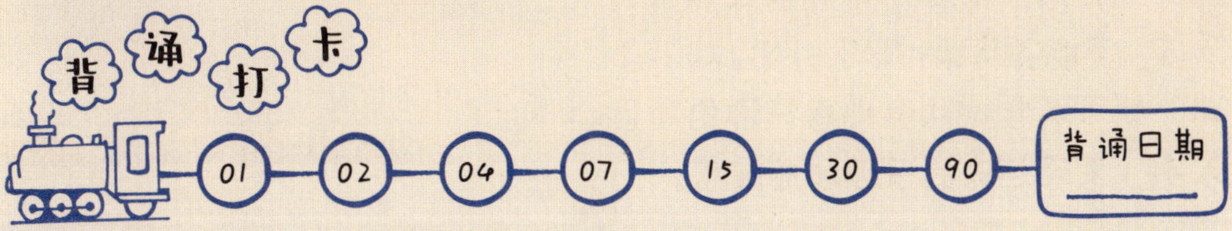

# 课外阅读不容忽视

## 情境漫画

## 通才进阶笔记

学知识只读课本是远远不够的，课外阅读也十分重要。阅读课外书籍不仅能让我们增长知识、开阔视野，还能帮助我们养成良好的阅读习惯，提升阅读能力。但要注意的是，课外阅读一定要安排在学业完成之后，不能占用课内学习时间。

## 通才问答课堂

古代的书如何流传下来？

答案：手抄、雕版印刷和活字印刷等。

## 地名古称

今 扬州 ⇆ 广陵 古

明朝广陵道，独忆此倾樽。
——李白《之广陵宿常二南郭幽居》

今 苏州 ⇆ 姑苏 古

姑苏城外寒山寺，夜半钟声到客船。
——张继《枫桥夜泊》

今 开封 ⇆ 汴州 古

暖风熏得游人醉，直把杭州作汴州。
——林升《题临安邸》

今 西安 ⇆ 长安 古

春风得意马蹄疾，一日看尽长安花。
——孟郊《登科后》

今 黄山 ⇆ 徽州 古

一生痴绝处，无梦到徽州。
——汤显祖《游黄山白岳不果》

今 成都 ⇆ 锦官城 古

晓看红湿处，花重锦官城。
——杜甫《春夜喜雨》

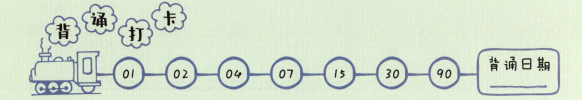

背诵打卡

01 02 04 07 15 30 90 背诵日期

# 勤能补拙，努力一定有回报

## 情境漫画

## 通才进阶笔记

**勤奋误区：**

1. 有些人看上去不努力但成绩很好，并不能说明自己努力没有用，或许对方只是在你看不到的地方努力。
2. 勤奋带来的进步是长期坚持的结果，努力的回报不一定反映在每一次的结果上。
3. 勤奋学习带来的回报不是只有成绩，还有自己的知识储备和学习能力。

## 通才问答课堂

**古代最老的科举考生是谁？**

答案：黄章，他20岁就开始参加科举考试，到60岁才考取童生，83岁时考取贡生。1681年，99岁的他参加了乡试，结果落榜了。

今 **常德 ⇆ 武陵** 古

从兹一别武陵去，去后桃花春水深。

——李白《答杜秀才五松见赠》

今 **九江 ⇆ 浔阳** 古

浔阳江头夜送客，枫叶荻花秋瑟瑟。

——白居易《琵琶行》

今 **合肥 ⇆ 庐州** 古

碑阴有坚石，镌我庐州诗。

——张祁《庐州诗》

今 **南京 ⇆ 金陵** 古

金陵子弟来相送，欲行不行各尽觞。

——李白《金陵酒肆留别》

今 **镇江 ⇆ 京口** 古

京口瓜洲一水间，钟山只隔数重山。

——王安石《泊船瓜洲》

今 **杭州 ⇆ 临安** 古

山外青山楼外楼，西湖歌舞几时休？

——林升《题临安邸》

今 **南昌 ⇆ 洪都** 古

豫章故郡，洪都新府。

——王勃《滕王阁序》

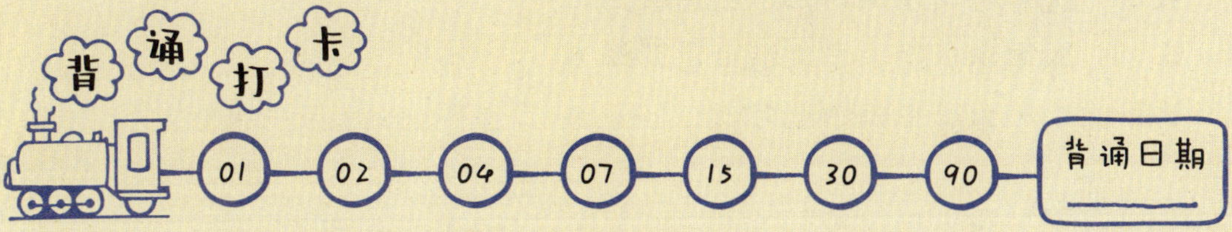

# 为什么骄傲使人落后？

## 情境漫画

## 通才进阶笔记

对自己取得的成绩感到满意是很正常的，但因此对学习产生轻视的心理是不可取的。当我们取得好成绩时，一定要摆正自己的心态：第一，老师讲的内容自己已经懂了，也要认真听，这样可以加深对知识的理解。第二，取得高分时，要告诉自己“学无止境，还有进步的空间”。

## 通才问答课堂

你知道哪些与骄傲有关的歇后语呢？

答案：

1. 山中无老虎——猴子称大王。
2. 关羽大意失荆州——骄兵必败。

## 四大发明

### 造纸术

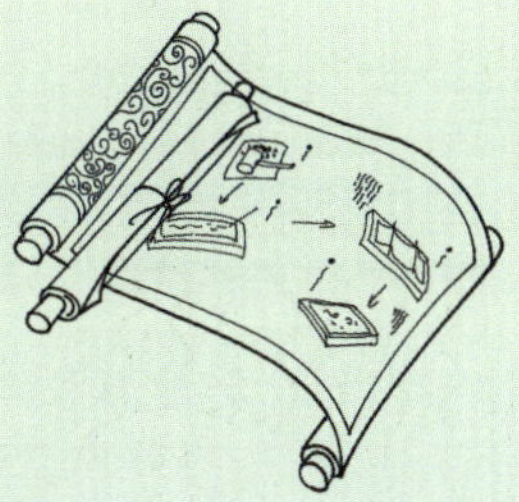

东汉时，宦官蔡伦总结前人的经验，改进造纸工艺，用树皮、麻头、破布、旧渔网等植物纤维为原料造纸，使纸的质量大大提高。这种纸的原料易找，价格便宜，易于推广。

### 火药

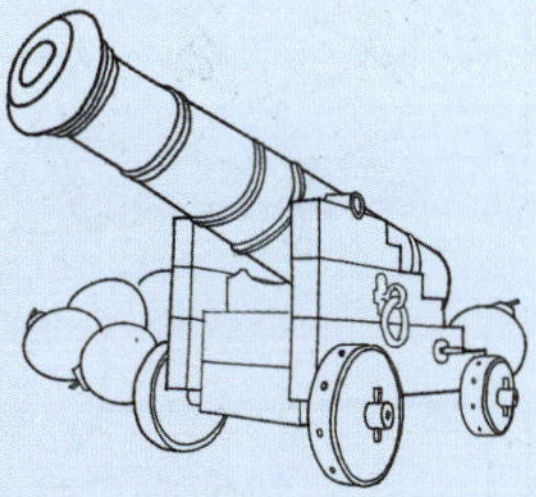

火药源于炼丹术。从战国至汉初，帝王贵族们沉迷于追求长生不老，驱使一些道士炼“仙丹”，在炼制过程中逐渐发明了火药的配方。火药不能解决长生不老的问题，又容易着火，后来火药的配方转到军事家手里，成为古代四大发明之一的火药。

### 印刷术

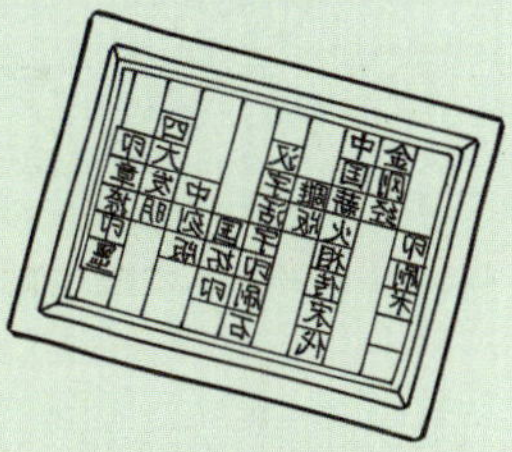

东汉汉灵帝时期发明的拓印是一种古老的印刷术，唐朝发明的雕版印刷术在唐朝中后期普遍使用，宋仁宗时期毕昇发明了活字印刷术，标志着活字印刷术的诞生。

### 指南针

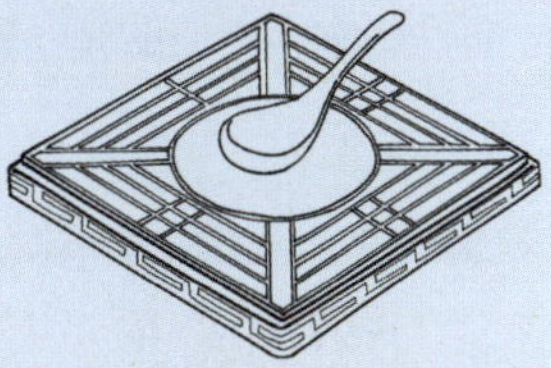

古代叫司南，主要部件是一根装在轴上的磁针，磁针在天然地磁场的作用下可以自由转动并保持在磁子午线的切线方向上，磁针的南极指向地理南极，利用这一性能可以辨别方向。

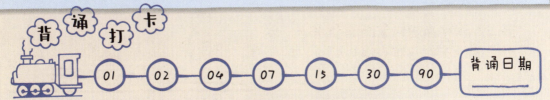

背诵打卡

01 02 04 07 15 30 90

背诵日期

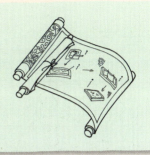

# 好记性不如烂笔头

## 情境漫画

## 通才进阶笔记

**做课堂笔记的技巧：**

1. 不用一字一句地抄板书，只记知识框架、重难点、核心解题思路和技巧。

2. 上课记笔记动作要快，保证内容正确，这样既能集中注意力听课，又方便课后复习。

## 通才问答课堂

**古代学生上课时，老师会使用黑板吗？**

答案：不会，因为古代没有黑板，老师用沙盘或者石板、石笔给学生讲课。

go!

## 其他科技发明

### 地动仪

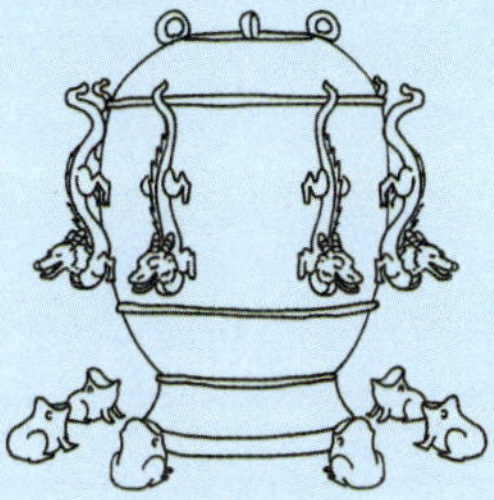

地动仪是中国东汉时期科学家张衡创造的传世杰作。它有八个方位，每个方位上均有含龙珠的龙头，在每个龙头的下方都有一只蟾蜍与其对应。任何一方如果有地震发生，该方向的龙口所含的龙珠即落入蟾蜍口中，由此便可测出发生地震的方向。

### 浑天仪

浑天仪，是浑仪和浑象的总称。浑仪是测量天体球面坐标的一种仪器，而浑象是古代用来演示天象的仪表。据说浑天仪的发明者是西汉时期的落下闳，东汉时期科学家张衡对其进行改进。

### 算盘

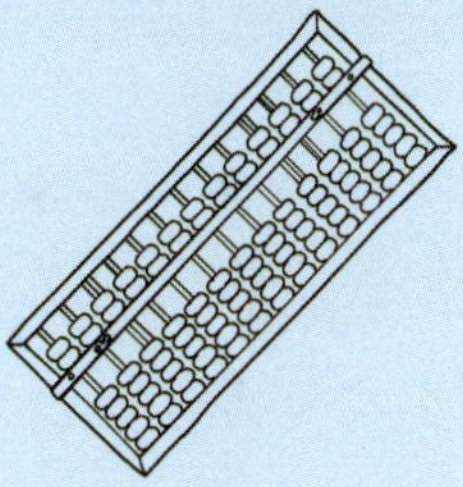

算盘是中国传统的计算工具，是由早在春秋时期便已普遍使用的筹算演变而来的。它不但是中国古代的一项重要发明，而且是在阿拉伯数字出现之前曾被人们广泛使用的一种计算工具。

### 水车

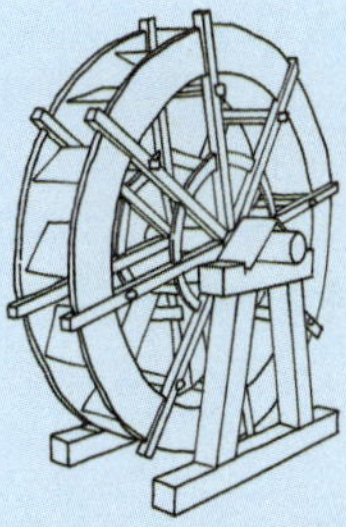

水车，一种灌溉工具，是古代中国劳动人民充分利用水力发展出来的一种运转机械。水车大约在东汉时期出现。水车作为中国农耕文化的重要组成部分，体现了中华民族的创造力，见证了中国农业文明。

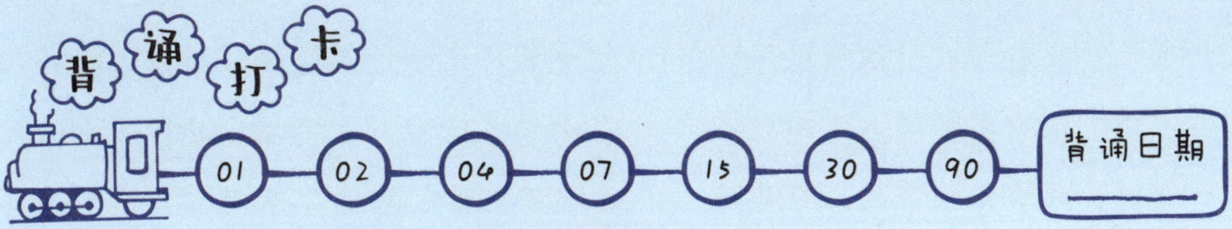

# 附录：常见俗语、谚语、歇后语

## 常见俗语

三脚猫：比喻对各种技艺略知皮毛的人

绊脚石：比喻阻碍自己前行的人或事情

白眼狼：比喻忘恩负义、以怨报德的人

井底蛙：比喻目光短浅、见识狭隘的人

拦路虎：比喻前进道路上的障碍和困难

眉毛胡子一把抓：比喻做事不分轻重缓急

吸血鬼：比喻残酷欺压、榨取别人利益的人

放冷箭：比喻暗中害人

门外汉：比喻外行的人

千里马：比喻有才干的人

栽跟头：比喻失败或出丑

中山狼：比喻恩将仇报的人

哈巴狗：比喻没有骨气的人

马大哈：比喻粗心大意的人

人中凤：比喻出类拔萃的优秀之人

出气筒：比喻用来发泄怨气的对象

泼冷水：比喻挫伤别人的热情或兴致

摸不着头脑：指弄不清楚是怎么回事

露马脚：比喻暴露了隐蔽的事实真相

跑龙套：比喻在人手下做不重要的事

人心隔肚皮：比喻人的心思难以猜测

纸老虎：比喻外强中干的人或集团

打圆场：比喻调解纠纷、缓和僵局

安乐窝：比喻安逸舒适的生活居所

变色龙：比喻生活中善于伪装的人

落汤鸡：比喻人浑身湿透的狼狈相

碰钉子：比喻遭到拒绝或受到斥责

百灵鸟：比喻说话或唱歌甜美的人

燕归巢：比喻游子喜归故里

应声虫：比喻毫无主见的人

破天荒：比喻事物第一次出现

触霉头：比喻遭遇不顺心的事

打头阵：比喻冲在前边带头干

打水漂：比喻白白投入没有收获

香饽饽：比喻受欢迎的人或事物

耍花枪：比喻卖弄小聪明的欺骗行为

占上风：比喻占据有利地位、处于优势

小蜜蜂：比喻起早贪黑、辛勤劳动的人

捞稻草：比喻在绝望中做徒劳无益的挣扎

瓮中鳖：比喻进入绝境、难以逃脱的人

铁公鸡：比喻一毛不拔、非常吝啬的人

水火不相容：比喻二者对立，绝不相容

驴唇不对马嘴：比喻答非所问或前言不搭后语

挑大梁：比喻承担重要的、起支柱性作用的工作

半瓶醋：比喻对某种知识或技术只略知一二的人

捋虎须：比喻触犯有权势的人或冒着很大的风险

生米煮成熟饭：比喻事情已经做成了，不能再改变

孺子牛：比喻心甘情愿为人民服务、无私奉献的人

空城计：比喻掩饰力量空虚，以使对方迷惑或后退

闭门羹：比喻拒绝客人进门或者拒绝客人提出的要求

神不知鬼不觉：形容事情做得很秘密，没有被人发觉

明人不做暗事：比喻有意见当面提出，不在背后搞鬼

一个巴掌拍不响：比喻矛盾和纠纷不会是单方面引起的

狮子大开口：比喻要价或所提条件很高，亦形容人贪心

寄生虫：比喻能劳动而不劳动，靠依赖、剥削他人为生的人

踢皮球：比喻部门之间职责不清、相互推诿，办事效率低下

人心不足蛇吞象：比喻人贪心不足，就像蛇想吞食大象一样

借东风：比喻利用好的形势或其他单位的先进经验来推动工作

抹一鼻子灰：比喻本想巴结讨好，结果反倒碰个钉子，落得很没趣

麻雀虽小，五脏俱全：比喻事物体积或规模很小，具备的内容却很齐全

鲤鱼跳龙门：比喻中举、升官等飞黄腾达的事，也比喻逆流前进、奋发向上

笑面虎：比喻外貌和善而内心严厉凶狠的人

传声筒：比喻没有主见，只会鹦鹉学舌的人

老黄牛：比喻老老实实、勤勤恳恳工作的人

冷板凳：比喻因不受重视而担任清闲的职务

领头羊：比喻带领大家前进的领头人或单位

地头蛇：比喻当地强横无赖、欺压人民的坏人

及时雨：比喻在关键时刻能解救危难的人或事

老狐狸：比喻非常狡猾的人

老油条：比喻世故圆滑的人

敲边鼓：比喻从旁帮腔助势

软骨头：比喻没有气节的人

缩头龟：比喻胆小怕事的人

台柱子：比喻集体中的骨干

替罪羊：比喻代人受过的人

## 常见生活谚语

1. 有意栽花花不发，无心插柳柳成荫。

2. 一个篱笆三个桩，一个好汉三个帮。

3. 天不生无禄之人，地不长无根之草。

4. 铁不锻炼不成钢，人不运动不健康。

5. 一花独放不是春，百花齐放春满园。

6. 一双筷子容易折，十双筷子断就难。

7. 有缘千里来相会，无缘对面不相识。

8. 众人种树树成林，大家栽花花才香。

9. 台上一分钟，台下十年功。

10. 听君一席话，胜读十年书。

11. 惜衣有衣穿，惜饭有饭吃。

12. 笑一笑，十年少。

13. 学如逆水行舟，不进则退。

14. 艺多不压身，艺高人胆大。

15. 由俭入奢易，由奢入俭难。

16. 有福同享，有难同当。

17. 有理走遍天下，无理寸步难行。

18. 水涨船高，风大树摇。

19. 一言既出，驷马难追。

20. 有志不在年高，无志空长百岁。

21. 远水难救近火，远亲不如近邻。

22. 在家靠父母，出门靠朋友。

23. 赠人玫瑰，手有余香。

24. 只要功夫深，铁杵磨成针。

25. 一叶障目，不见泰山。

## 常见生活谚语

26. 百闻不如一见，百见不如一干。
27. 江山易改，本性难移。
28. 单丝不成线，独木不成林。
29. 灯不拨不亮，理不辩不明。
30. 滴水之恩，当涌泉相报。
31. 读书须用意，一字值千金。
32. 饭后百步走，活到九十九。
33. 不听老人言，吃亏在眼前。
34. 活到老，学到老。
35. 害人之心不可有，防人之心不可无。
36. 酒逢知己千杯少，话不投机半句多。
37. 良言一句三冬暖，恶语伤人六月寒。
38. 良药苦口利于病，忠言逆耳利于行。
39. 路遥知马力，日久见人心。
40. 路在人走，事在人为。
41. 平时肯帮人，急时有人帮。
42. 千里之行，始于足下。
43. 人是铁，饭是钢，一天不吃饿得慌。
44. 人往高处走，水往低处流。
45. 人心齐，泰山移。
46. 三百六十行，行行出状元。
47. 三个臭皮匠，顶个诸葛亮。
48. 师傅领进门，修行靠个人。
49. 世上无难事，只怕有心人。
50. 树欲静而风不止，子欲养而亲不待。

## 农业气象谚语

1. 白露天气晴，谷米白如银。

2. 春雾风，夏雾晴，秋雾阴，冬雾雪 。

3. 冬天麦盖三层被，来年枕着馒头睡。

4. 处暑不出头，割谷喂老牛。

5. 立秋下雨万物收，处暑下雨万物丢。

6. 立秋有雨样样有，立秋无雨收半秋。

7. 立秋处暑云打草，白露秋分正割田。

8. 蚂蚁搬家蛇过道，大雨不久要来到。

9. 朝霞不出门，晚霞行千里。

10. 冬雪丰年，春雪无用。

11. 二八月，乱穿衣。

12. 肥料虽是宝，无水长不好。

13. 河里鱼打花，天天有雨下。

14. 黄梅天，雨水多。

15. 鸡迟宿，鸭欢叫，风雨不久到。

16. 鸡在高处鸣，雨止天要晴。

17. 今夜露水重，明天太阳红。

18. 久晴大雾必阴，久雨大雾必晴。

19. 立春三场雨，遍地都是米。

20. 立了秋，把扇丢。

21. 春雨贵似油，多下农民愁。

22. 春雷响，万物长。

23. 白露无雨，百日无霜。

24. 六月六，看谷秀。

25. 东虹日头西虹雨。

## 农业气象谚语

26. 芒种不种，过后落空。

27. 芒种麦登场，秋耕紧跟上。

28. 青蛙开口早，早禾一定好。

29. 清明断雪，谷雨断霜。

30. 清明前后，种瓜点豆。

31. 清水下种，浑水插秧。

32. 蜻蜓飞得低，出门穿蓑衣。

33. 人靠饭养，稻靠肥长。

34. 人怕老来穷，禾怕寒露风。

35. 天上起了钩钩云，地上不久雨淋淋。

36. 日晕三更雨，月晕午时风。

37. 霜降见霜，米谷满仓。

38. 霜重见晴天，雪多兆丰年。

39. 日落胭脂红，无雨也有风。

40. 天上鱼鳞斑，晒谷不用翻。

41. 夏雨少，秋霜早。

42. 小暑不种薯，立伏不种豆。

43. 星星眨眼，离雨不远。

44. 燕子贴地飞，出门带蓑衣。

45. 夜里星光明，明朝依旧晴。

46. 一场秋雨一场寒，十场秋雨穿上棉。

47. 有雨山戴帽，无雨半山腰。

48. 早晨下雨当日晴，晚上下雨到天明。

49. 知了叫叫停停，连绵阴雨来临。

50. 庄稼一枝花，全靠肥当家。

## 常见歇后语

八仙过海——各显神通

风中鹅毛——无影无踪

半路上的新闻——道听途说

凤凰树开花——红极一时

半夜三更放大炮——一鸣惊人

复印的材料——一模一样

包公断案——铁面无私

赶鸭子上架——吃力不讨好

扁担挑水——一心挂两头

隔着门缝吹喇叭——名（鸣）声在外

不拔灯不添油——省心（芯）

狗拿耗子——多管闲事

裁缝不带尺——存心不良（量）

狗咬吕洞宾——不识好人心

菜刀切豆腐——两面光

关公面前耍大刀——自不量力

蚕豆开花——黑心

韩信点兵——多多益善

草帽当锣打——想（响）不起来

和尚撑伞——无法（发）无天

茶壶里煮饺子——肚里有货道（倒）不出

画蛇添足——多此一举

唱歌不看曲本——离谱

怀里揣棉花——软（暖）心

扯胡子过河——谦虚（牵须）过度（渡）

黄鼠狼给鸡拜年——没安好心

窗户上的纸——一捅就破

鸡蛋碰石头——自不量力

打开天窗——说亮话

姜太公钓鱼——愿者上钩

大水冲了龙王庙——自家人不识自家人

饺子破皮——漏了馅

钉子碰石头——硬碰硬

脚踩西瓜皮——滑到哪里是哪里

冻豆腐——难办（拌）

空中布袋——装疯（风）

肚子里撑船——内行（航）

孔夫子搬家——净是输（书）

断了弦的二胡——不想（响）

苦水里泡黄连——苦上加苦

房檐上种菜——无缘（园）

腊月的天气——动（冻）手动（冻）脚

飞机上点灯——高明

老虎拉车——没人敢（赶）

飞机上挂暖瓶——高水平（瓶）

老虎屁股——摸不得

风浪中行船——摇摆不定

老鼠过街——人人喊打

风雨中的泰山——不动摇

老鼠进书箱——咬文嚼字

## 常见歇后语

老鼠钻风箱——两头受气

碗底的豆子——历历（粒粒）在目

梁山泊的军师——无（吴）用

王婆卖瓜——自卖自夸

麻袋里装钉子——个个想出头

王羲之写字——入木三分

猫哭耗子——假慈悲

乌龟的屁股——规（龟）定（腚）

走路捡鸡毛——凑掸（胆）子

瞎子点灯——白费蜡

门缝里看人——把人看扁了

下雨天背棉絮——越背越重

木偶流眼泪——假仁（人）假义

咸菜烧豆腐——有言（盐）在先

泥菩萨过江——自身难保

小葱拌豆腐——一清（青）二白

螃蟹过河——七手八脚

小和尚念经——有口无心

泼出去的水——收不回

修鞋不用锥子——真（针）行

七窍通了六窍——一窍不通

秀才遇到兵——有理说不清

骑驴看唱本——走着瞧

哑巴吃黄连——有苦说不出

砌墙的石头——后来居上

一二三五六——没事（四）

墙头茅草——风吹两边倒

一脚踩在桥眼里——上下两难

热锅上的蚂蚁——团团转

园外竹笋——外甥（生）

肉包子打狗——有去无回

阅览室里翻报纸——大有文章

十文钱掉了一文——久闻（九文）

早开的红梅——一枝独秀

十五个吊桶打水——七上八下

丈二和尚——摸不着头脑

十月里的桑叶——没人睬（采）

芝麻开花——节节高

石缝里塞棉花——软硬兼施

纸糊的琵琶——谈（弹）不得

四月的冰河——开动（冻）了

周瑜打黄盖——一个愿打一个愿挨

泰山顶上观日出——高瞻远瞩

诸葛亮皱眉头——计上心来

铁打的公鸡——一毛不拔

猪八戒照镜子——里外不是人

兔子的尾巴——长不了

猪鼻子插大葱——装象

外甥打灯笼——照旧（舅）

竹篮打水——一场空

**图书在版编目（CIP）数据**

通才养成课．藏在课本里的人生必考点 / 狐说新语
编著．-- 北京：中国农业出版社，2024.3
ISBN 978-7-109-31797-0

Ⅰ．①通… Ⅱ．①狐… Ⅲ．①小学语文课－教学参考
资料 Ⅳ．① G623.203

中国国家版本馆 CIP 数据核字 (2024) 第 051318 号

**通才养成课·藏在课本里的人生必考点①**
**TONGCAI YANGCHENG KE CANGZAI KEBEN LI DE RENSHENG BIKAO DIAN ①**

中国农业出版社
地　　址：北京市朝阳区麦子店街 18 号楼
邮　　编：100125
责任编辑：郭元建　张　莹
版式设计：龚晨咪　　责任校对：吴丽婷
印　　刷：湖北嘉仑文化发展有限公司
版　　次：2024 年 3 月第 1 版
印　　次：2024 年 3 月第 1 次印刷
发　　行：新华书店北京发行所
开　　本：787mm×1092mm　1/16
印　　张：7
字　　数：50 千字
总定价：119.00 元（全 2 册）

# 通才养成课

## 藏在课本里的人生必考点②

狐说新语 编著

首批全国优秀出版社 | 中国农业出版社

# 目录

## 第二册

# 爸爸妈妈为什么总谈钱？

## 情境漫画

## 通才进阶笔记

钱不是万能的，但是没钱是万万不能的。因此不要羞于谈钱，只有正确认识钱，形成正确的金钱观，才能合理地利用钱。当父母在讨论每月开支分配的时候，我们可以旁听，知道钱是怎么来的、都用来做什么……多听几次，就能明白父母赚钱有多么不容易，也会像父母一样精打细算不乱花钱。

## 通才问答课堂

**古代一两银子到底值多少钱？**

答案 根据朝代不同，一两银子的价值也不同，比如在盛唐时期一两银子价值2000~4000元人民币；明朝中期价值600~800元人民币；清朝中晚期价值150~220元人民币。

## 通假字

什么是通假字？简单来说，文言文里原本应该用某个字，结果却因为音相近或者形相似，用别的字来代替，这个“别的字”就叫通假字。通假字有广义、狭义之分。广义的通假字包括古今字、异体字和通假字。本书收录的通假字是指广义的通假字。

### 通假字的类型

**用“声旁字”代替“形声字”**

**例**：受：同“授”。

师者，所以传道受业解惑也。

——《师说》

**用“形声字”代替“声旁字”**

**例**：趣：同“取”。

虽趣舍万殊，静躁不同。

——《兰亭集序》

**用同声旁的“形声字”来代替本字**

**例**：振：同“震”。

虽董之以严刑，振之以威怒。

——《谏太宗十思疏》

**用音同或音近的字来代替本字**

**例**：蚤：同“早”。

旦日不可不蚤自来谢项王。

——《鸿门宴》

### 常见通假字汇总

**被** 同“披”

**例**：将军身被坚执锐。

——《陈涉世家》

**辩** 同“辨”，辨别

**例**：万钟则不辩礼义而受之。

——《鱼我所欲也》

**辨** 同“辩”，辩论

**例**：与之论辨。

——《送东阳马生序》

**不** 同“否”

**例**：尊君在不？

——《陈太丘与友期行》

**背诵打卡** 背诵日期：＿＿＿＿＿＿

| 第 1 天 | 第 2 天 | 第 4 天 | 第 7 天 | 第 15 天 | 第 30 天 | 第 90 天 |
| --- | --- | --- | --- | --- | --- | --- |
| ○ | ○ | ○ | ○ | ○ | ○ | ○ |

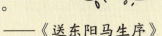

# 做家务也有“价值”

## 情境漫画

## 通才进阶笔记

1. 做家务能够体会到父母的辛苦，从而学会关心、体谅父母，增进亲子感情。

2. 做家务能培养自己的动手能力、观察能力、创造能力。

3. 当学习累的时候，我们可以通过做家务转移注意力，调节学习情绪。

## 通才问答课堂

人民币纸币的主要成分是什么呢？

棉花。

**材** 同"才"，才能

例：食之不能尽其材。

——《马说》

**仓** 同"苍"，青色

例：仓鹰击于殿上。

——《唐雎不辱使命》

**曾** 同"增"

例：曾益其所不能。

——《生于忧患，死于安乐》

**唱** 同"倡"，倡导、发起

例：为天下唱。

——《陈涉世家》

**得** 同"德"，感恩、感激

例：所识穷乏者得我与。

——《鱼我所欲也》

**而** 同"尔"，你

例：某所，而母立于兹。

——《项脊轩志》

**尔** 同"耳"，相当于"罢了"

例：无他，但手熟尔。

——《卖油翁》

**拂** 同"弼"，辅佐

例：入则无法家拂士。

——《生于忧患，死于安乐》

**惠** 同"慧"，聪慧

例：甚聪惠。

——《杨氏之子》

**见** 同"现"，显现

例：才美不外见。

——《马说》

**具** 同"俱"，全、皆

例：百废具兴。

——《岳阳楼记》

**那** 同"哪"，怎么

例：问渠那得清如许。

——《观书有感》

**女** 同"汝"，你

例：诲女知之乎！

——《论语》

**畔** 同"叛"，背叛

例：亲戚畔之。

——《得道多助，失道寡助》

**背诵打卡** 背诵日期：________

| 第 1 天 | 第 2 天 | 第 4 天 | 第 7 天 | 第 15 天 | 第 30 天 | 第 90 天 |
| --- | --- | --- | --- | --- | --- | --- |
| ○ | ○ | ○ | ○ | ○ | ○ | ○ |

# 好朋友找我借钱，我该怎么办？

## 情境漫画

## 通才进阶笔记

如果你的好朋友来找你借钱，一定要询问他借钱的原因和具体用途，如果有正当理由，又是急用且数额不大的，可以考虑借给他。如果是用来乱消费，不仅不能借他钱，还要劝阻他改正不良消费习惯，避免误入歧途！

## 通才问答课堂

古人会采用什么样的方式借钱呢？

答案：求助信、典当行、钱庄。

**反** 同"返"

例：寒暑易节，始一反焉。

——《愚公移山》

**阙** 同"缺"，空隙、缺口

例：略无阙处。

——《三峡》

**食** 同"饲"，喂食

例：食马者不知其能千里而食也。

——《马说》

**孰** 同"熟"，仔细

例：孰视之。

——《邹忌讽齐王纳谏》

**属** 同"嘱"，嘱托

例：属予作文以记之。

——《岳阳楼记》

**说** 同"悦"，愉快

例：学而时习之，不亦说乎？

——《论语》

**帖** 同"贴"

例：对镜帖花黄。

——《木兰诗》

**辟** 同"避"，躲避

例：故患有所不辟也。

——《鱼我所欲也》

**乡** 同"向"，先前、从前

例：乡为身死而不受。

——《鱼我所欲也》

**邪** 同"耶"，语气词

例：孤岂欲卿治经为博士邪？

——《孙权劝学》

**羞** 同"馐"，美味的食物

例：玉盘珍羞直万钱。

——《行路难》

**要** 同"邀"，邀请

例：便要还家。

——《桃花源记》

**已** 同"以"

例：已后典籍皆为板本。

——《活板》

**有** 同"又"

例：舟首尾长约八分有奇。

——《核舟记》

**背诵打卡** 背诵日期：________

| 第 1 天 | 第 2 天 | 第 4 天 | 第 7 天 | 第 15 天 | 第 30 天 | 第 90 天 |
| --- | --- | --- | --- | --- | --- | --- |
| ○ | ○ | ○ | ○ | ○ | ○ | ○ |

# 零花钱又不多，为什么还要规划？

## 情境漫画

当拿到零花钱的时候，你会做什么呢？下面这些做法，你觉得哪个更好呢？

买玩具

请朋友吃零食

放进存钱罐

## 通才进阶笔记

**零花钱虽然少，但也要做好规划。我们可以这样规划：**

1. 准备一个小账本，记录零花钱的消费日期和用途。
2. 月初写计划，合理分配钱。
3. 月末做总结，看看自己还剩多少钱。

## 通才问答课堂

**古人一般把钱藏在哪里？**

答案：地窖、屋梁、夹墙等地方。

go!

**亡** 同“无”

例：河曲智叟亡以应。

——《愚公移山》

**与** 同“举”

例：选贤与能。

——《礼记·礼运》

**为** 同“谓”，说

例：孰为汝多知乎？

——《两小儿辩日》

**支** 同“肢”

例：四支僵劲不能动。

——《送东阳马生序》

**知** 同“智”，智慧，聪明

例：孰为汝多知乎？

——《两小儿辩日》

**禽** 同“擒”，抓住

例：渔者得而并禽之。

——《鹬蚌相争》

**衹** 同“衹（只）”，只、仅

例：衹辱于奴隶人之手。

——《马说》

**还** 同“旋”，转身

例：弃而还走。

——《叶公好龙》

**直** 同“值”，价格

例：系向牛头充炭直。

——《卖炭翁》

**冯** 同“凭”，乘

例：浩浩乎如冯虚御风。

——《赤壁赋》

**指** 同“旨”，目的

例：卜者知其指意。

——《陈涉世家》

**盖** 同“盍”，何、怎么

例：技盖至此乎。

——《庖丁解牛》

**转** 同“啭”，鸟鸣

例：千转不穷。

——《与朱元思书》

**距** 同“拒”，据守

例：距关，毋内诸侯。

——《鸿门宴》

**背诵打卡** 背诵日期：________

| 第 1 天 | 第 2 天 | 第 4 天 | 第 7 天 | 第 15 天 | 第 30 天 | 第 90 天 |
|---|---|---|---|---|---|---|
| ○ | ○ | ○ | ○ | ○ | ○ | ○ |

# 如何让手里的钱变得更有价值？

## 情境漫画

逢年过节，你会不会收到很多压岁钱呢？平时父母给你的零用钱，你会怎么花呢？

你们打算怎么花这笔钱？
我交给爸爸妈妈。
我存银行。

开心
这次可以买一架小提琴咯！
存银行就能够让钱变多吗？

## 通才进阶笔记

**我们如何能够让自己手里的钱变多、变得更有价值呢？**

我们可以把钱存入银行，银行会按照一定的比例支付给我们报酬，这个比例就是利率，而我们得到的报酬就是利息。存的时间越长，利息越多。久而久之，我们手里的钱就越来越多啦！

## 通才问答课堂

**世界上最早的纸币是什么？**

答案：是北宋时期的交子。公元1023年，北宋朝廷设立“益州交子务”，第二年正式发行官交子。

**阁** 同“搁”，放下

例：骚人阁笔费评章。

——《雪梅》

**元** 同“原”，本来

例：死去元知万事空。

——《示儿》

**曾** 同“层”，重叠

例：荡胸生曾云。

——《望岳》

**销** 同“消”，消散

例：云销雨霁。

——《滕王阁序》

**责** 同“债”，债务

例：则仆偿前辱之责。

——《报任安书》

**章** 同“彰”

例：芳菲菲其弥章。

——《离骚》

**征** 同“证”，验证，证明

例：无闷征在今。

——《登池上楼》

**纫** 同“韧”，坚韧

例：蒲苇纫如丝。

——《孔雀东南飞》

**舍** 同“释”，解除、消除

例：其人舍然大喜。

——《杞人忧天》

**详** 同“佯”，假装

例：乃令张仪详去秦。

——《屈原列传》

**错** 同“措”，举措

例：偭规矩而改错。

——《离骚》

**殚** 同“惮”，惊恐

例：百兽骇殚。

——《西都赋》

**芸** 同“耘”，除草

例：植其杖而芸。

——《论语》

**殴** 同“驱”，驱逐

例：今殴民而归之农。

——《论积贮疏》

**背诵打卡** 背诵日期：________

| 第 1 天 | 第 2 天 | 第 4 天 | 第 7 天 | 第 15 天 | 第 30 天 | 第 90 天 |
| --- | --- | --- | --- | --- | --- | --- |
| ○ | ○ | ○ | ○ | ○ | ○ | ○ |

# 拒绝小便宜的诱惑

## 情境漫画

## 通才进阶笔记

**为了避免因贪图小便宜而陷入诈骗陷阱，我们应牢记以下三点：**

1. 对于过于便宜的产品或服务，要冷静思考，辨别真伪，不要盲目相信。

2. 了解一些常见的诈骗手段，提高对风险的防范，学会保护自己的信息和财产安全。

3. 不轻易泄露个人信息，不随意打开来路不明的链接，更不要向陌生人转账。

## 通才问答课堂

**布谷鸟为什么被称为鸟类中的“骗子”呢？**

答案：布谷鸟有个厉害的“骗术”，它能控制、改变自己蛋的颜色和斑纹。因此它会把蛋产在“别人家”里，让别的鸟帮它“养孩子”。

## 古今异义词

我们现在用的汉语，是从古时候发展演变而来，所以很多汉字在古时候所表达的意思，跟现在并不一样。我们把古代汉语中这些古今字形相同而意义、用法不同的词称为古今异义词。

### 常见古今异义词汇总

| | 古义 | 今义 |
|---|---|---|
| 卑鄙 | 卑，指出身卑微。<br>鄙，指学识浅陋。常用作谦辞。 | 言行恶劣，不道德。 |
| 不过 | 不超过。 | 表转折的关联词。 |
| 布衣 | 平民。 | 用布做的衣服。 |
| 尝 | 曾经。 | ①吃一点儿试试。<br>②辨别滋味。 |
| 池 | 护城河。 | 水池，池塘。 |
| 齿 | ①牙齿；②岁数，年龄。 | 牙齿。  |
| 床 | 供坐卧的器具。 | 床铺。 |
| 但 | 只，仅。 | 但是。 |
| 地方 | 土地方圆。  | ①中央下属的各级行政区划的统称。<br>②某一区域；空间的一部分。 |

背诵打卡　背诵日期：________

| 第 1 天 | 第 2 天 | 第 4 天 | 第 7 天 | 第 15 天 | 第 30 天 | 第 90 天 |
|---|---|---|---|---|---|---|
| ○ | ○ | ○ | ○ | ○ | ○ | ○ |

# 为什么我早上磨磨蹭蹭起不来？

## 情境漫画

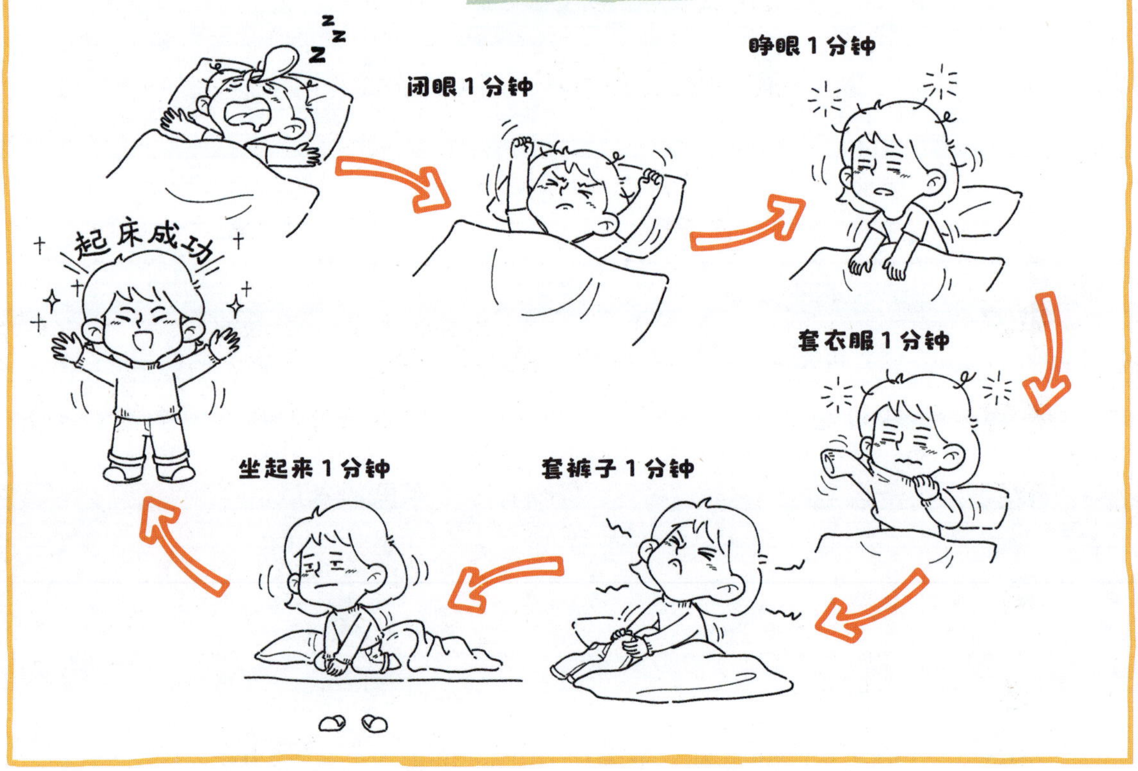


## 通才进阶笔记

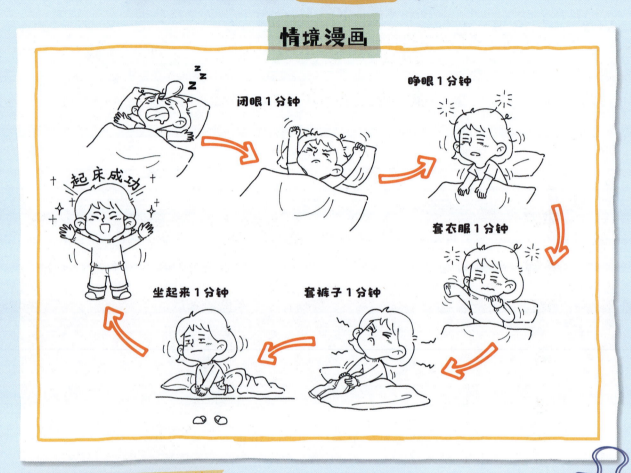

**想要早上起床不拖拉，可以试试以下几种方法：**

1 早睡早起。有时候可能因为睡得晚，所以早上醒不来。

2 一次性设定多个闹钟。让闹钟提前叫醒自己，然后在床上再躺几分钟，给自己一个起床缓冲期。

3 当你决定起床的时候，就不要拖拉，干脆利落地下床。

## 通才问答课堂

历史上最能睡的人是谁？

答案：陈抟（tuán）。相传，他有一次睡觉，睡了一百多天。

| | 古义 | 今义 |
|---|---|---|
| **发生** | 使植物萌发、生长。 | 原来没有的事出现了。 |
| **逢迎** | 迎接。 | 迎合，奉承。 |
| **故事** | ①先例；②旧事。 | 真实的或虚构的有人物有情节的事情。 |
| **果然** | 饱足的样子。 | 表示事实与所说或所料相符。 |
| **或** | 有的人。 | 或者，或许。 |
| **几何** | 多少。 | 数学中的一门学科。 |
| **家禽** | 家中的鸟。 | 人类为了经济或其他目的驯养的禽类，如鸡、鸭等。 |
| **假** | 假借。 | 不真实的。 |
| **江河** | 专指长江、黄河。 | 泛指江河。 |
| **交通** | 交错相通。 | 水路运输的总称。 |
| **绝境** | 与世隔绝的地方。 | 没有出路的地方。 |
| **开张** | 不闭塞，开放。 | 商店开始营业。 |
| **可怜** | ①可爱；②可惜。 | 值得怜悯。 |
| **可以** | 可以凭借。 | 可能或许可。 |
| **妻子** | 妻子和孩子。 | 男女结婚后对女方的称谓，与丈夫对应。 |

背诵打卡 背诵日期：____________

| 第 1 天 | 第 2 天 | 第 4 天 | 第 7 天 | 第 15 天 | 第 30 天 | 第 90 天 |
|---|---|---|---|---|---|---|
| ○ | ○ | ○ | ○ | ○ | ○ | ○ |

# 迟到可真耽误事！

## 情境漫画

## 通才进阶笔记

**想要不迟到，有哪些办法呢？**

1 养成规律的作息，培养早睡早起的习惯。

2 增强时间观念。也许时间对你而言是抽象的，所以可以借助某些具体情景加强时间观念，比如，某首歌结束了就是做某件事的时间到了。

## 通才问答课堂

**古代官员上早朝敢迟到吗？**

答案：不敢，迟到之后，可能会挨板子或罚俸禄，或者受到更严厉的惩罚。

go!

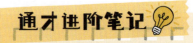

| | 古义 | 今义 |
|---|---|---|
| **其实** | ①它的果实；②实际情况。 | 表示所说的是实际情况（承上文而转折）。 |
| **穷** | 不得志，不显贵，与“达”相对。 | 生活贫困，缺少钱财。 |
| **去** | ①离开；②距离。 | 前往。 |
| **少女** | 小女儿。 | 少年女子。 |
| **生气** | 活力，生命力。 | 因不合心意而不愉快。 |
| **师徒** | 军队士兵。 | 师傅和徒弟。 |
| **虽然** | 虽然这样。 | 表转折关系的连词。 |
| **所以** | ①表示行为所凭借的方式、方法或依据，相当于“用来……的（手段、方法、东西等）”。<br>②表示原因，相当于“……的原因、缘故”。 | 表示因果关系的关联词。 |
| **汤** | 热水，开水。 | 食物煮后所得的汁水。 |
| **痛恨** | 痛心遗憾。 | 深深地憎恨。 |
| **涕** | 眼泪。 | 鼻涕。 |
| **危** | 高。 | 危险。 |
| **亡** | 丢失、遗失。 | 死亡。 |

**背诵打卡** 背诵日期：________

| 第 1 天 | 第 2 天 | 第 4 天 | 第 7 天 | 第 15 天 | 第 30 天 | 第 90 天 |
|---|---|---|---|---|---|---|
| ○ | ○ | ○ | ○ | ○ | ○ | ○ |

# 小小计划清单，居然可以改变人生

## 情境漫画

不同年龄阶段的孩子需要养成的习惯各有侧重点

**4~6 岁：重点培养日常起居等自理能力，需要执行规律性的生活习惯清单，比如，晨起清单、睡前清单。**

**7~9 岁：重点培养学习习惯和生活习惯，需要执行学习习惯和生活习惯清单，比如作业清单、整理书桌清单。**

**10~12 岁：重点培养主动学习和统筹安排生活的能力，需要执行各种更有挑战性的清单，比如周计划清单、旅行计划清单。**

## 通才进阶笔记

做很多事都需要有计划，因为只有有了计划才能有条理地将事情做好。学会做计划清单，按照清单上的计划完成任务，你将会拥有良好习惯、优秀品质，得到幸福人生。

## 通才问答课堂

**清朝皇帝一天吃几顿饭？**

答案 清朝皇帝一天吃早晚两顿正餐。第一顿是早饭，在早上六七点钟吃。第二顿是晚饭，虽然叫"晚饭"，但实际上在中午十二点到两点之间吃。

| | 古义 | 今义 |
| --- | --- | --- |
| **无论** | 不用说，（更）不必说。 | 假设条件关系的连词，表示条件不同而结果不变。 |
| **牺牲** | 祭祀用的牛、羊、猪等。 | 为了正义的目的舍弃自己的利益甚至生命。 |
| **小子** | 长辈对晚辈的称呼。 | ①男孩子；②人（用于男性，含轻蔑意）。 |
| **谢** | ①道歉；②拒绝。 | 感谢。 |
| **学士** | 掌管文学撰述的官。 | 用来指学位。 |
| **厌** | 满足。 | ①不喜欢；②憎恶。 |
| **阳** | 山的南面，水的北面。 | 太阳。 |
| **雨雪** | 下雪。 | 雨和雪。 |
| **再** | ①第二次；②两次。 | 又一次。 |
| **丈人** | 老人，长辈。 | 岳父。 |
| **指示** | 指给人看。 | 上级对下级说明处理某问题的原则和方法。 |
| **走** | 跑，逃跑。 | 步行。 |
| **祖父** | 祖辈和父辈。 | 爷爷。 |
| **左右** | 皇帝身边的近臣。 | 方位或约数。 |

**背诵打卡** 背诵日期：________

| 第 1 天 | 第 2 天 | 第 4 天 | 第 7 天 | 第 15 天 | 第 30 天 | 第 90 天 |
| --- | --- | --- | --- | --- | --- | --- |
| ○ | ○ | ○ | ○ | ○ | ○ | ○ |

# “零碎时间”竟然这样有用

## 情境漫画

## 通才进阶笔记

零碎时间的使用有一个前提：你打算用零碎时间来干什么。这需要一个清晰的目标，不然，在零碎时间出现的时候再去决定要干什么，往往无法得以很好地利用。因此，要提前明确自己使用零碎时间的目的，比如，用 5 分钟的零碎时间来背数学公式，然后做好准备，你便能更有效地活用零碎时间。

## 通才问答课堂

“三上之功”的“三上”指的是什么？

答案：枕上、马上、厕上。

## 常见实词汇总

文言文实词包括名词、动词、形容词、数词、量词、代词。在文言文中，实词的数量比虚词的数量多很多。下面是文言文中常见的实词及释义。

**博** ①宽广，广博；②增广，开阔。

**尝** ①曾经；②经历。

**成** ①完成，实现；②形成，成为；③已定的，现成的。

**持** ①拿着，握着；②维持，保持。

**耻** ①耻辱，可耻的事；②羞愧，羞惭；③羞辱；侮辱。

**当** ①面对，对着；②承担，承受；③在，在……时候；④应当，应该。

**得** 获得，取得。

**方** ①方向，方位；②方法，计策；③正，正在；④两船并行。

**弗** 表示否定，相当于“不”。

**竞** ①竞相，争相，争着；②争逐，比赛。

**故** ①原因，缘故；②事故，变故；③旧，旧的；④故意，特意；⑤因此。

**还** ①返回，回来；②交还；③仍然，还是。

**好** ①喜欢，喜好；②好，善，与“坏”“恶”相对。

**诲** 教导，指教。

**活** 生存，与“死”相对。

**或** ①有的，有的人，有的事；②又；③也许，或许。

**及** ①赶上，追上；②到，到达；③比得上。

**急** ①着急；②紧，紧缩；③急忙，赶快。

**既** ①尽，完，终了；②后来，不久；③全，都，皆；④既然。

背诵打卡 背诵日期：________

| 第 1 天 | 第 2 天 | 第 4 天 | 第 7 天 | 第 15 天 | 第 30 天 | 第 90 天 |
|---|---|---|---|---|---|---|
| ○ | ○ | ○ | ○ | ○ | ○ | ○ |

# 总有“妖怪”阻止我写作业

## 情境漫画

当我写作业的时候，总有“妖怪”干扰我。下面这些情况，你占了几条呢？

## 通才进阶笔记

### 想一想：如何提高自己写作业的效率呢？

首先，营造一个安静的学习环境，这样才能静下心来写作业。然后，在写作业之前要做好准备，比如，喝水、上卫生间，把作业记录本、写作业用的书本和文具放在书桌上。写作业的时候，没有特殊情况不离开座位，不做与学习无关的事情；每做完一门功课，就在作业记录本上勾掉相应的一项。

## 通才问答课堂

中国第一部文言志怪小说集是什么？

答案：东晋文学家、史学家干宝撰写的《搜神记》。

**假** ①借；②宽容；③如果，假如；④假，与“真”相对。

**俱** ①全，都，皆；②在一起，同行；③相同，一样。

**决** ①判决，裁决；②决定，确定；③辞别，告别。

**莫** ①没有，不；②不要，别。

**岂** ①难道，怎么；②快乐，和乐。

**弃** 抛弃，舍弃。

**寝** ①躺，躺卧；②睡觉；③停息。

**去** ①离开，离去；②距离；③舍弃，舍去。

**如** ①像，如同；②比得上；③如果，假如；④顺，符合。

**若** ①像；②及，比得上；③好像，似乎。

**甚** ①很，非常；②厉害，严重。

**信** ①确实，的确；②相信，信任。

**使** ①命令，派遣；②让，叫；③出使；④使命。

**是** ①对，正确；②代词，这个，这样；③凡是。

**孰** 谁，哪个。

**虽** ①即使，纵然；②虽然。

**通** ①通晓，明白；②交往，来往；③全部，普遍；④通达，通过；⑤贯通，沟通。

**为** ①成为，变成；②作为，当作；③如果，假如。

**唯** 只，仅。

**惟** ①只，只有；②思考，考虑；③句首语气词。

**戏** 嬉戏，玩耍。

**厌** ①满足；②讨厌，厌恶。

**背诵打卡** 背诵日期：________

| 第 1 天 | 第 2 天 | 第 4 天 | 第 7 天 | 第 15 天 | 第 30 天 | 第 90 天 |
|---|---|---|---|---|---|---|
| ○ | ○ | ○ | ○ | ○ | ○ | ○ |

# 今日事，今日毕

## 情境漫画

## 通才进阶笔记

我们要养成“今天的事，今天一定干完”的意识，做事的时候不能总是拖拖拉拉，这样只会把想做的事情无限延后。当我们要完成某一件事时，应该拿出自己的坚强和毅力，克服一切困难，切切实实将自己的事情在要求的时间内完成。

## 通才问答课堂

《今日歌》是谁写的?

答案：《今日歌》是明代著名才子文徵明的儿子文嘉所作。这首歌的目的是劝勉人们要珍惜时间，不要虚度年华，荒废光阴。

**亦** ①表示两者相同，可译为“也”“也是”；②在疑问句中表示猜测的语气，不译；③确实；④与“不”连用，表示反诘语气，可译为“不也……吗”。

**诣** ①到……去，前往；②拜访。

**因** ①因为，于是；②依照。

**犹** ①如同，好像；②仍然，还是；③尚且。

**辄** ①总是，往往；②马上，就。

**知** ①知道，了解；②认识，识别；③感到，觉得。

**志** ①志向；②标记；③做标记。

**终** ①全，整；②自始至终；③终了，结束。

**走** ①跑；②逃跑。

**足** ①脚；②充足；③满足；④足够。

**卒** ①完成，完结；②终于，最终；③士兵。

## 常见虚词汇总

虚词是文言词汇的重要组成部分，是不能单独充当句子成分的词，有连接或附着各类实词的语法意义。下面是常见的虚词及释义。

**而** ①连词，可以表并列关系、递进关系、转折关系、修饰关系、因果关系等；②表感叹语气，相当于“啊”“吧”。

**夫** ①用在句首，引起议论；②用在句尾，表示感叹；③指示代词，这，那。

**何** ①疑问代词，可译为“什么”“哪里”“怎么”“为什么”“哪个”等；②副词，多么。

**背诵打卡** 背诵日期：________

| 第1天 | 第2天 | 第4天 | 第7天 | 第15天 | 第30天 | 第90天 |
|---|---|---|---|---|---|---|
| ○ | ○ | ○ | ○ | ○ | ○ | ○ |

# 书桌不能乱七八糟

## 情境漫画

小虎在做作业，妈妈在旁边陪伴
这个字写错了，我橡皮呢？
乱糟糟
你这桌面还真是乱，给你，橡皮找到了。
无奈
乱七八糟
你这个书桌应该好好整理一下。
无语
咦，我铅笔呢？


## 通才进阶笔记

**书桌应该这样整理：**

1 书桌上尽量只放必备的学习用品，比如笔、尺子、橡皮、词典等。

2 养成用完物品后及时归位的好习惯。

3 写完作业后，立即将书桌整理干净，不要将“烂摊子”留到第二天再收拾。

## 通才问答课堂

有面没有口，有脚没有手，虽有四只脚，自己不会走。（打一生活用品）

答案：

谜底：桌子

**乎** ①介绍处所、方向、时间，译为“在”“由”等；②介绍比较对象，译为“与”“对”“比”；③介绍动作行为的对象；④句末语气词，表示疑问、反问、推测、感叹、祈使等，相当于“吗”“呢”“吧”等。

**乃** ①代词，你（的），你们（的）；②代词，这，这样；③表判断，是；④竟然，却；⑤才；⑥仅仅，只；⑦于是，就。

**其** ①人称代词，相当于“你（们）的”“他（们）的”“它（们）的”；②指示代词，相当于“那”“那些”；③助词，无实义，起调节节奏、舒缓语气等作用；④副词，恐怕，大概；⑤副词，难道，岂，表示反问。

**然** ①用在形容词或副词后，表状态，可译为“……的样子”；②代词，这样，那样；③然而，但是。

**所** ①代词，放在动词前面，组成名词性词组，表示“……的人”“……的事情”“……的地方”等；②“为……所……”，表示被动；③“所以”，表示“……的原因”；④表示不确定的数目。

**与** 表示疑问、反诘或感叹，相当于“吗”“吧”“啊”。

**以** ①表示动作行为所用或所凭借的工具、方法，可译为“拿”“用”“凭”“把”等；②表示动作行为产生的原因，可译为“因为”“由于”等；③表示动作行为发生的时间、地点，可译为“在”“从”；④连词，表示承接关系、因果关系、目的关系等，可译为“而”“因为”“来”“用来”等。

**背诵打卡** 背诵日期：________

| 第1天 | 第2天 | 第4天 | 第7天 | 第15天 | 第30天 | 第90天 |
|---|---|---|---|---|---|---|
| ○ | ○ | ○ | ○ | ○ | ○ | ○ |

# 玩具再多也不乱

## 情境漫画

家里的玩具特别多，永远都在整理当中。下面这些行为，哪个是正确的呢？

## 通才进阶笔记

1. 克服惰性，玩完的玩具立刻放回，不能扔在原地，要养成立刻收拾好的习惯。

2. 让爸爸妈妈教我们一些整理玩具的技巧。

3. 帮助爸爸妈妈做家务。通过做家务可以增强我们整理东西的意识，提高收拾玩具的积极性。

## 通才问答课堂

世界三大智力游戏是什么？

答案：华容道、独立钻石棋、魔方。

**于** ①介绍动作行为发生时间、处所，可译为“在”“到”“从”等；②介绍动作行为产生的原因，可译为“由于”“因为”；③介绍动作行为涉及的对象，可译为“对”“向”等；④介绍动作行为的主动者，可译为“被”，有时动词前还有“见”“受”等字和它相应；⑤介绍比较的对象，可译为“比”；⑥用在动词前，无义。

**也** ①语气助词，表判断、感叹、祈使、陈述、疑问等，用于句中或句末；②语气助词，用在复句的前分句末或并列的句子成分之后，表示停顿和上下文的互相关联，兼有舒缓语气和抒情的作用。

**哉** ①助词，表示感叹的语气，相当于“啊”；②助词，表示疑问的语气，相当于“呢”；③助词，表示反问语气。

**则** ①连词，表顺承、转折、假设、让步等，可译为“就”“便”“却”“可是”等；②助词，表示疑问，相当于“呢”；③副词，用于加强判断，相当于“乃”“就是”；④副词，表示限定范围，相当于“只”“仅仅”。

**者** ①用在动词、形容词和动词性词组、形容词性词组的后面，组成一个名词性结构，相当于“……的人（事、情况等）”；②用在句中主语的后面，表示停顿、判断，无实义；③用在因果复句或条件复句偏句的末尾，提示原因或条件；④定语后置的标志；⑤用在疑问句全句末，表示疑问语气，相当于“呢”。

**之** ①代词，指代句中的人、事、物等，相当于“他”“她”“它”“这个”“这”“这种”等；②助词，用在主谓之间，取消句子独立性，一般不译；③助词，宾语后置的标志；④助词，补语的标志；⑤动词，到……去。

**背诵打卡** 背诵日期：________

| 第1天 | 第2天 | 第4天 | 第7天 | 第15天 | 第30天 | 第90天 |
|---|---|---|---|---|---|---|
| ○ | ○ | ○ | ○ | ○ | ○ | ○ |

# 自己的房间整理好

## 情境漫画

仔细观察下面这张图，这个房间为什么乱糟糟的？

请把乱糟糟的地方圈出来，想一想，该如何整理？

## 通才进阶笔记

整理房间可以让我们了解自己拥有的物品，需要的时候能很容易找到。如果要花大量时间找东西，那么就太浪费时间了。另外，干净整洁的房间能够减少细菌的滋生，对健康也有益处。

## 通才问答课堂

古代的房屋是如何防水的？

答案 古代房屋防水主要使用茅草，在房顶上铺茅草，可以防止房屋漏水。

# 古诗词中常见的意象

## 动物类

**鸳鸯** 象征夫妇恩爱。

例：得成比目何辞死，愿作鸳鸯不羡仙。

——卢照邻《长安古意》

**鹧鸪** 象征思乡、羁旅之愁。

例：江晚正愁余，山深闻鹧鸪。

——辛弃疾《菩萨蛮·书江西造口壁》

**杜鹃** 象征凄凉、哀伤。

例：杨花落尽子规啼，闻道龙标过五溪。

——李白《闻王昌龄左迁龙标遥有此寄》

**黄莺** 象征春天。

例：千里莺啼绿映红，水村山郭酒旗风。

——杜牧《江南春》

**青鸟** 象征传书的信使。

例：蓬山此去无多路，青鸟殷勤为探看。

——李商隐《无题》

**沙鸥** 象征漂泊无依。

例：飘飘何所似，天地一沙鸥。

——杜甫《旅夜书怀》

**鸿雁** 象征思乡怀亲之情和羁旅伤感。

例：塞下秋来风景异，衡阳雁去无留意。

——范仲淹《渔家傲·秋思》

**猿猴** 象征孤寂、愁苦。

例：风急天高猿啸哀，渚清沙白鸟飞回。

——杜甫《登高》

**乌鸦** 象征破败、荒凉。

例：斜阳外，寒鸦万点，流水绕孤村。

——秦观《满庭芳·山抹微云》

**燕子** 象征春天。

例：几处早莺争暖树，谁家新燕啄春泥。

——白居易《钱塘湖春行》

**背诵打卡** 背诵日期：________

| 第 1 天 | 第 2 天 | 第 4 天 | 第 7 天 | 第 15 天 | 第 30 天 | 第 90 天 |
| --- | --- | --- | --- | --- | --- | --- |
| ○ | ○ | ○ | ○ | ○ | ○ | ○ |

# 书包整理小能手

## 情境漫画

3 周成为书包整理小能手

**第 1 周：** 家长给孩子做示范，看看课程表整理书包，把文件袋有序地放到书包里。

**第 2 周：** 家长给孩子做帮手，指导孩子看课程表，整理书包，在旁边进行纠正。

**第 3 周：** 让孩子自己整理书包，家长可以在旁边观察，并给予肯定。

## 通才进阶笔记

1. 懂得爱惜物品。自己整理书包会对物品更加熟悉，在使用时也更加爱惜。

2. 培养独立思考问题的能力。当你在整理书包时，会思考很多问题，比如，铅笔是否需要削等。多次重复这个过程，有助于培养独立思考问题的能力。

## 通才问答课堂

古人读书时用什么来装书呢？

答案 书箱（木制的书箱）、笈（jí，竹或者藤编织的书箱）、布袋等。

# 植物类

**芳草** 象征生生不息和希望。

例：离离原上草，一岁一枯荣。

——白居易《赋得古原草送别》

**杨柳** 象征送别、不舍之情。

例：此夜曲中闻折柳，何人不起故园情。

——李白《春夜洛城闻笛》

**梅花** 象征高洁、不屈不挠的品质。

例：遥知不是雪，为有暗香来。

——王安石《梅花》

**梧桐** 象征凄凉、悲伤。

例：春风桃李花开日，秋雨梧桐叶落时。

——白居易《长恨歌》

**桃花** 象征美人、爱情、理想世界。

例：去年今日此门中，人面桃花相映红。

——崔护《题都城南庄》

**红豆** 象征爱情、相思。

例：红豆生南国，春来发几枝。

——王维《相思》

**松柏** 象征孤直、顽强、高洁的品质。

例：岂不罹凝寒？松柏有本性。

——刘桢《赠从弟·其二》

**青梅竹马** 象征孩童的天真无邪。

例：郎骑竹马来，绕床弄青梅。

——李白《长干行》

**菊花** 象征高洁隐逸、不慕名利的品质。

例：采菊东篱下，悠然见南山。

——陶渊明《饮酒·其五》

**芭蕉** 象征孤独忧愁、凄凉。

例：芭蕉叶叶为多情，一叶才舒一叶生。

——郑板桥《咏芭蕉》

**背诵打卡** 背诵日期：________

| 第 1 天 | 第 2 天 | 第 4 天 | 第 7 天 | 第 15 天 | 第 30 天 | 第 90 天 |
|---|---|---|---|---|---|---|
| ○ | ○ | ○ | ○ | ○ | ○ | ○ |

# 不以规矩，不能成方圆

## 情境漫画

除了下面这些，你觉得还有哪些做法是错误的呢？

## 通才进阶笔记

规是约定心的，矩是约束行的，手中有尺度，心中有规范，人才能站得直、立得正、走得远。过马路要遵守交通规则，玩游戏要遵守游戏规则，参加比赛要遵守比赛规则。只有遵守规则，我们的人生才不会偏离方向，才能越走越远。

## 通才问答课堂

**中国最早的学生守则是什么？**

答案：《弟子职》。《弟子职》是我国第一部学堂守则。关于它的作者说法不一，一说是管仲，一说是战国时期齐国稷下学者。

## 人文器物类

**羌笛** 象征凄凉、哀伤。

例：羌笛何须怨杨柳，春风不度玉门关。

——王之涣《凉州词·其一》

**舟** 象征离愁别绪。

例：仍怜故乡水，万里送行舟。

——李白《渡荆门送别》

**玉** 象征高洁、脱俗。

例：洛阳亲友如相问，一片冰心在玉壶。

——王昌龄《芙蓉楼送辛渐》

**镜子** 象征黯然神伤、感怀思念。

例：不知明镜里，何处得秋霜？

——李白《秋浦歌》

**寒灯** 象征羁旅凄凉、思乡怀人之情。

例：寒灯思旧事，断雁警愁眠。

——杜牧《旅宿》

**珍珠** 象征高洁纯真。

例：沧海月明珠有泪，蓝田日暖玉生烟。

——李商隐《锦瑟》

**阑干** 象征思念、寂寞、离愁。

例：阑干倚处，待得月华生。

——欧阳修《临江仙·柳外轻雷池上雨》

**寒砧** 象征萧瑟、残败、凄凉。

例：九月寒砧催木叶，十年征戍忆辽阳。

——沈佺期《独不见》

**蜡烛** 象征牺牲自我、无私奉献。

例：春蚕到死丝方尽，蜡炬成灰泪始干。

——李商隐《无题》

**酒** 象征悲伤愁苦、欢欣喜悦。

例：劝君更尽一杯酒，西出阳关无故人。

——王维《送元二使安西》

**背诵打卡** 背诵日期：________

| 第 1 天 | 第 2 天 | 第 4 天 | 第 7 天 | 第 15 天 | 第 30 天 | 第 90 天 |
| --- | --- | --- | --- | --- | --- | --- |
| ○ | ○ | ○ | ○ | ○ | ○ | ○ |

# 喜欢说“请”和“谢谢”的孩子更受欢迎

## 情境漫画

## 通才进阶笔记

要做一个有礼貌的孩子，就应该做到：见到熟悉的人要打招呼和问好；当别人帮助自己的时候要说“谢谢”；不小心撞到了别人或者踩了别人一脚，应该说“对不起”。只要从小养成这种懂礼貌的好习惯，我们就能成为让人喜欢的好孩子。

## 通才问答课堂

**成语“请君入瓮”“请”的是谁？**

答案：周兴。请君入瓮讲的是唐朝酷吏来俊臣和周兴的故事。周兴想要谋反，来俊臣用请君入瓮之计，让周兴自投罗网，并将其制服。

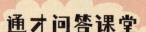

## 自然景观类

**明月** 象征思亲、思乡之愁。

例：举头望明月，低头思故乡。

——李白《静夜思》

**春雨** 象征希望、生机、活力。

例：好雨知时节，当春乃发生。

——杜甫《春夜喜雨》

**夕阳** 象征失落凄凉、漂泊沧桑。

例：夕阳无限好，只是近黄昏。

——李商隐《乐游原》

**云** 象征游子、漂泊。

例：浮云游子意，落日故人情。

——李白《送友人》

**秋风** 象征凄凉、愁绪。

例：萧萧梧叶送寒声，江上秋风动客情。

——叶绍翁《夜书所见》

**烟雾** 象征愁绪和郁闷的心情。

例：日暮乡关何处是？烟波江上使人愁。

——崔颢《黄鹤楼》

**春风** 象征不可抗拒的生命力，希望。

例：春风又绿江南岸，明月何时照我还。

——王安石《泊船瓜洲》

**黄昏** 象征人生迟暮的生命悲叹。

例：已是黄昏独自愁，更着风和雨。

——陆游《卜算子·咏梅》

**流水** 象征时光易逝、愁情。

例：问君能有几多愁？恰似一江春水向东流。

——李煜《虞美人·春花秋月何时了》

**冰雪** 象征高洁的品格。

例：应念岭海经年，孤光自照，肝肺皆冰雪。

——张孝祥《念奴娇·过洞庭》

**背诵打卡** 背诵日期：________

| 第1天 | 第2天 | 第4天 | 第7天 | 第15天 | 第30天 | 第90天 |
|---|---|---|---|---|---|---|
| ○ | ○ | ○ | ○ | ○ | ○ | ○ |

# 公共场所不给别人添麻烦

## 情境漫画

## 通才进阶笔记

“不给别人添麻烦”是做人的基本准则，每个人都应该努力做到。要怎么做才能尽量避免给他人添麻烦呢？做孝敬自立的孩子，不给父母添麻烦：自己的事情自己做，不让父母操心，做一些力所能及的家务。做尊师重道的学生，不给老师添麻烦：尊敬老师，遵守课堂纪律，维护同学友谊。

## 通才问答课堂

**在什么样的温度下睡觉最舒服？**

答案：室内温度在20℃~23℃时最适合睡觉。当被窝里的温度处在32℃~34℃时，人最容易入睡。

# 特定地点类

**南山** 象征隐居。

例：种豆南山下，草盛豆苗稀。

——陶渊明《归园田居·其三》

**关山** 象征征戍离别之情。

例：借问梅花何处落，风吹一夜满关山。

——高适《塞上听吹笛》

**长亭** 象征依依惜别，离愁别绪。

例：何处是归程？长亭更短亭。

——李白《菩萨蛮·平林漠漠烟如织》

**南浦** 指代送别地。

例：南浦凄凄别，西风袅袅秋。

——白居易《南浦别》

**长城** 指代守边将领。

例：塞上长城空自许，镜中衰鬓已先斑。

——陆游《书愤》

**危阑** 象征忧国、伤怀、思人之情。

例：寸寸柔肠，盈盈粉泪，楼高莫近危阑倚。

——欧阳修《踏莎行·候馆梅残》

**楼兰** 象征为国立功、抗击敌人的壮志。

例：愿将腰下剑，直为斩楼兰。

——李白《塞下曲六首·其一》

**驿站** 象征漂泊不定。

例：驿外断桥边，寂寞开无主。

——陆游《卜算子·咏梅》

**蓬莱** 指代环境犹如仙境一般的地方。

例：好把音书凭过雁，东莱不似蓬莱远。

——李清照《蝶恋花·晚止昌乐馆寄姊妹》

**阳关** 象征边塞。

例：劝君更尽一杯酒，西出阳关无故人。

——王维《送元二使安西》

**背诵打卡** 背诵日期：________

| 第 1 天 | 第 2 天 | 第 4 天 | 第 7 天 | 第 15 天 | 第 30 天 | 第 90 天 |
|---|---|---|---|---|---|---|
| ○ | ○ | ○ | ○ | ○ | ○ | ○ |

# 做一个“光盘行动”人

## 情境漫画

## 通才进阶笔记

1. 吃多少盛多少，不剩饭不剩菜。

2. 看到浪费现象，勇敢地站出来制止，尽力减少浪费。

3. 做节约粮食宣传员，向家人、朋友宣传浪费粮食的可怕后果。

## 通才问答课堂

清朝哪个皇帝是“水稻专家”？

答案 康熙。因为他发现并培育出了优质水稻品种——御稻米。

## 古诗文常用的典故

### 班马

离群之马。春秋时期，晋、郑、鲁等国伐齐，齐军趁夜撤走。晋国大臣邢伯听到齐军营中马叫，推测道：有班马的声音，齐国军队一定撤走了。后送别诗多用以抒发惜别之情。

例：挥手自兹去，萧萧班马鸣。——李白《送友人》

### 斑竹

湘妃竹。相传舜死后，舜的妃子娥皇和女英在九嶷山痛哭，血泪洒在竹子上，竹竿上都生了斑纹。后用来表现悲伤的情思。

例：一枝斑竹渡湘沅，万里行人感别魂。——元稹《斑竹》

### 抱柱

出自《庄子·盗跖》，主人公尾生同一女子相约在桥下见面，等了好久都没有等到女子，这时河水猛涨，淹没了桥梁，尾生坚守信约，寸步不离，死死抱着桥柱，最终被淹死。后用来比喻坚守信约。

例：常存抱柱信，岂上望夫台。——李白《长干行》

背诵打卡　背诵日期：________

| 第 1 天 | 第 2 天 | 第 4 天 | 第 7 天 | 第 15 天 | 第 30 天 | 第 90 天 |
|---|---|---|---|---|---|---|
| ○ | ○ | ○ | ○ | ○ | ○ | ○ |

# 我可以不排队吗？

## 情境漫画

## 通才进阶笔记

你知道吗？插队是一种很不文明的行为，我们不但要严格要求自己，还要劝导别人不要做插队者。不要打着弱小的旗号插队，不要以着急为由插队。

## 通才问答课堂

古代有“城管”吗？

答案：春秋战国就有“城管”，负责环境卫生管理，禁止占道经营等工作。不过，古时候并没有“城管”一词，而是叫巡市。

## 辞第

西汉时期，北方匈奴经常骚扰边境。有一次，汉武帝刘彻要为大将军霍去病修建一座豪华的府邸，霍去病却果断拒绝道："匈奴未灭，无以家为也。"后用来比喻为国忘家。

**例：** 辞第输高义，观图忆古人。——杜甫《奉和严中丞西城晚眺十韵》

## 结草

出自《左传·宣公十五年》，晋国大夫魏武子临终前嘱咐儿子魏颗杀其爱妾殉葬，魏颗没有听从父亲的话，而是把她嫁给了别人。后来，秦桓公出兵伐晋，晋将魏颗与秦将杜回在战场相遇，两个人厮杀在一起，正在难分难解之际，魏颗突然见一老人用草编的绳子套住杜回，将杜回绊倒。之后老人托梦自称是那个再嫁之妾的父亲，特来报恩。后用来比喻至死感恩报德。

**例：** 臣生当陨首，死当结草。——李密《陈情表》

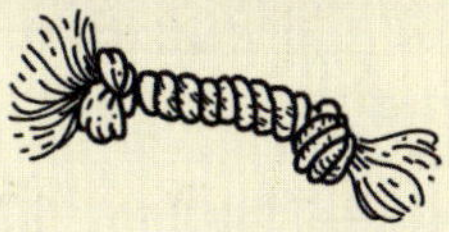

## 南冠（楚囚）

春秋时期，楚国位于晋国的南面，因此楚冠也称为南冠。楚国的忠臣钟仪被囚禁于晋国而始终不忘楚国。他常年佩戴南冠，弹奏楚国音乐，为当时晋国的人所称赞。后来文人一般以此代指自己怀有节操的囚徒生活。

**例：** 西陆蝉声唱，南冠客思深。——骆宾王《在狱咏蝉》

**背诵打卡** 背诵日期：________

| 第 1 天 | 第 2 天 | 第 4 天 | 第 7 天 | 第 15 天 | 第 30 天 | 第 90 天 |
|---|---|---|---|---|---|---|
| ○ | ○ | ○ | ○ | ○ | ○ | ○ |

# 垃圾桶为什么有不同颜色？

## 情境漫画

随着科技的进步，时代的发展，每天产生的垃圾越来越多，我们的地球已经不堪重负，垃圾分类刻不容缓。目前生活垃圾主要分为四大类：厨余垃圾、有害垃圾、可回收物和其他垃圾，对应垃圾桶的颜色为绿色、红色、蓝色、灰色。

## 通才进阶笔记

垃圾分类不仅仅是一种习惯，更是一种生活态度。通过学习垃圾分类我们可以改变自己的生活习惯，克服懒散的心态，培养良好的卫生习惯和环保意识。我们要从小事做起，认真对待每一次垃圾分类，不论是在家里还是学校、公共场所，都要将垃圾分类做到最好。

## 通才问答课堂

**第一个推行垃圾分类的是哪个国家？**

答案 德国。1972年，德国政府制定了《废弃物处理法》，这是垃圾分类处理的重要里程碑。

## 常见的借代词语

借代是一种说话或写文章时不直接说出所要表达的人或事物，而是借用与它密切相关的人或事物来代替的修辞方法。被替代的叫“本体”，替代的叫“借体”，“本体”不出现，用“借体”来代替。

**布衣——百姓**

例：不知天下士，犹作布衣看。

——高适《咏史》

**婵娟——月亮**

例：但愿人长久，千里共婵娟。

——苏轼《水调歌头》

**垂髫（tiáo）——儿童**

例：垂髫读诗书，平视取青紫。

——郑刚中《送何元英》

**帆——船**

例：孤帆远影碧空尽，唯见长江天际流。

——李白《黄鹤楼送孟浩然之广陵》

**烽火——战争**

例：烽火连三月，家书抵万金。

——杜甫《春望》

**汗青——史册**

例：人生自古谁无死，留取丹心照汗青。

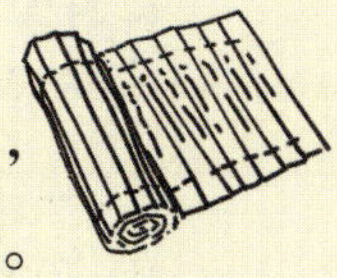

——文天祥《过零丁洋》

**鸿雁——书信**

例：鸿雁几时到，江湖秋水多。

——杜甫《天末怀李白》

**黄发——老人**

例：黄发垂髫，并怡然自乐。

——陶渊明《桃花源记》

**巾帼——女子**

例：巾帼不让须眉，红颜更胜儿郎。

——陈寿《三国志》

**九州——全国**

例：死去元知万事空，但悲不见九州同。

——陆游《示儿》

**背诵打卡** 背诵日期：________

| 第 1 天 | 第 2 天 | 第 4 天 | 第 7 天 | 第 15 天 | 第 30 天 | 第 90 天 |
|---|---|---|---|---|---|---|
| ○ | ○ | ○ | ○ | ○ | ○ | ○ |

# 我不能出口成“脏”

## 情境漫画

## 通才进阶笔记

1. 爱说脏话的孩子会被别人嫌弃，没有朋友。

2. 有些脏话说着说着就成为习惯，有时无意说出口，却伤害了他人。

3. 爱说脏话的孩子会给别人留下没素质、没教养的印象。

## 通才问答课堂

自言自语对身体有好处？

答案：有好处，心理学家研究指出，自言自语不仅能缓解情绪压力，也能够理清头绪，帮助自己理智地看待挫折。

**桑麻——农事**

例：开轩面场圃，把酒话桑麻。

——孟浩然《过故人庄》

**丝竹——音乐**

例：无丝竹之乱耳，无案牍之劳形。

——刘禹锡《陋室铭》

**桑梓——故乡**

例：乡禽何事亦来此，令我生心忆桑梓。

——柳宗元《闻黄鹂》

**桃李——学生**

例：令公桃李满天下，何用堂前更种花。

——白居易《奉和令公绿野堂种花》

## 中国古代文学体裁

**文学体裁是指文学作品的具体样式。按照现今通行的文学体裁四分法，将我国文学体裁分为诗歌、散文、小说和戏剧。**

### 诗歌

**我国古代诗歌包括诗、词、曲三大类。**诗包括古体诗和近体诗。古体诗又称“古诗”或者“古风”。古体诗押韵较为自由，篇幅长短不限，如五言古诗《短歌行》、七言古诗《春江花月夜》。近体诗又称“今体诗”，在字数、句数、平仄、押韵等方面有着严格的要求。词是诗歌中的一种特殊体裁。词最初称为“曲词”或者“曲子词”，又称近体乐府、长短句、乐章等。词起源于南梁，形成于唐代，五代十国后开始兴盛，至宋代达到顶峰。每首词都有词牌，比如“浣溪沙”“声声慢”等，词牌不同规定不同，每个词牌都有特定的字数、句数和韵律，必须按照要求填词。曲，诗歌的曲是“散曲”的简称，万万不可与元杂剧的“曲”混为一谈。散曲分为小令、带过曲和套数。散曲中的小令就是单支曲子，如《天净沙·秋思》。

**背诵打卡** 背诵日期：______

| 第 1 天 | 第 2 天 | 第 4 天 | 第 7 天 | 第 15 天 | 第 30 天 | 第 90 天 |
|---|---|---|---|---|---|---|
| ○ | ○ | ○ | ○ | ○ | ○ | ○ |

# “熊孩子”变形记

## 情境漫画

## 通才进阶笔记

### 家长该如何改变熊孩子呢？

❶ 以身作则，言传身教。在要求孩子的同时，自己要率先垂范，身体力行。

❷ 不溺爱，赏罚分明。要让孩子知道，表现好会得到奖励，犯了错误要受罚。

❸ 培养孩子的边界意识。一个有边界感的孩子在人际交往的过程中，会清晰地知道自己该说什么，该做什么。

## 通才问答课堂

熊在古代象征着什么？

答案：在古代，熊的寓意丰富多样，不仅代表着勇敢、力量和威严，还象征着尊贵和祥瑞。

### 散文

除了诗、词、曲以外的作品，不论是文学作品还是非文学作品，都一概称之为“散文”。我国古代散文，不论是写景散文、叙事散文，还是抒情散文、哲理散文，都有一个共同点：行文简洁、言之有物、情真意切、语言优美。

### 小说

我国古代小说，因朝代不同，形式也有所不同。先秦、两汉主要是寓言和神话，如《女娲补天》《夸父逐日》；魏晋南北朝时期，主要是笔记小说，如《世说新语》；唐朝时期，以传奇为主，如《柳毅传》；宋元时期，以话本为主，如《全相三国志平话》；明清时期，以章回体为主，如《三国演义》。

### 戏剧

戏剧是一门综合性的舞台艺术，它借助文学、音乐、舞蹈等艺术手段来塑造人物形象，揭示社会矛盾，反映社会生活。我国古代戏曲包括元杂剧、宋元南戏和明清传奇三大部分。

## 中国古代文学风格流派

**玄言诗派**：东晋时专述老庄哲理的诗派，代表作家有孙绰、许询等。

**山水诗派**：东晋后期出现的一种诗派，代表作家有颜延之、鲍照、谢灵运等。

**边塞诗派**：盛唐诗歌的主要流派之一。文学史家根据作品反映的题材，把盛唐诗坛上善于表现边塞生活的诗人称作边塞诗派，其代表人物有高适、岑参、王昌龄等。

**背诵打卡**　背诵日期：______

| 第 1 天 | 第 2 天 | 第 4 天 | 第 7 天 | 第 15 天 | 第 30 天 | 第 90 天 |
| --- | --- | --- | --- | --- | --- | --- |
| ○ | ○ | ○ | ○ | ○ | ○ | ○ |

# 别人的东西不能乱拿、乱碰

## 情境漫画

## 通才进阶笔记

随便拿别人的东西是不为别人着想的不礼貌行为，是不应该的。随便拿走别人的东西，会使东西的主人因为要用时找不着而着急，造成麻烦，耽误事情。如果确实需要用别人的东西，要先征得主人的同意，而且用完后还要及时还给人家，以免给人家添麻烦。

## 通才问答课堂

**为什么古代人晚上不出门？**

答案 因为古代有一个制度——宵禁。宵禁是皇帝为了禁止百姓在夜间聚集、娱乐，以防止潜在的暴乱，而设立的规定。一到规定的时间，就有专门的人敲钟打鼓，提醒人们回家。

**田园诗派**：盛唐另一重要诗歌流派，这派诗人以善于描绘田园生活著称，代表人物有王维、孟浩然等。

**花间词派**：五代时西蜀的一个文学流派，他们尊崇唐末词人温庭筠为鼻祖，主要成员有韦庄、欧阳炯等。

**南唐词派**：五代时南唐的一个词派，代表人物有李璟、李煜、冯延巳等。

**婉约派**：多写风花雪月，格律精工，清切婉丽，纤巧优美的一类宋词，代表作家有李清照、周邦彦、姜夔、吴文英等。

**豪放派**：内容广泛，刚健奔放，追求壮美的一类宋词，代表作家有苏轼、辛弃疾等。

**唐宋派**：明代散文流派之一，以王慎中、唐顺之、归有光、茅坤为首。

**临川派**：明代戏曲流派之一，因其主要代表汤显祖是临川人，故名临川派。除汤显祖外，这一派的代表作家还有孟称舜、阮大铖、吴炳等人。

## 古诗词的不同用法

### 色彩入诗

白毛浮绿水，红掌拨清波。
——骆宾王《咏鹅》

梅子金黄杏子肥，麦花雪白菜花稀。
——范成大《四时田园杂兴·其二十五》

两个黄鹂鸣翠柳，一行白鹭上青天。
——杜甫《绝句·其三》

一水护田将绿绕，两山排闼送青来。
——王安石《书湖阴先生壁·其一》

一年好景君须记，正是橙黄橘绿时。
——苏轼《赠刘景文》

黑云翻墨未遮山，白雨跳珠乱入船。
——苏轼《六月二十七日望湖楼醉书·其一》

背诵打卡 背诵日期：________

| 第 1 天 | 第 2 天 | 第 4 天 | 第 7 天 | 第 15 天 | 第 30 天 | 第 90 天 |
|---|---|---|---|---|---|---|
| ○ | ○ | ○ | ○ | ○ | ○ | ○ |

# 同学欺负我怎么办？

## 情境漫画

被同学欺负了你会怎么做？（　）

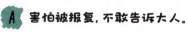

A 害怕被报复，不敢告诉大人。

还是
忍一忍吧……
害怕

B 叫同学帮忙，欺负回去。

走！我们
一起去揍扁他！

C 找老师或者父母帮忙解决。

爸爸，学校
有人欺负我。
发生什么
事了？
安慰

## 通才进阶笔记

### 在学校被人欺负，如何正确应对？

1 勇敢反抗，表现出态度强硬的一面，让对方知道这样做是不对的，你并不会因此害怕他们。

2 让大人帮忙解决。被人欺负后，要立刻向老师或者父母求助。

3 当校园欺凌已经超出一般的程度时，应该立刻报警，以免造成更大的伤亡事件。

## 通才问答课堂

古代没有电话，遇到危险情况如何报警？

答案：鸣锣、吹号角、撞钟发声警示；官府报案以敲鼓为信。

## 春

几处早莺争暖树，谁家新燕啄春泥。
——白居易《钱塘湖春行》

日出江花红胜火，春来江水绿如蓝。
——白居易《忆江南·其一》

春眠不觉晓，处处闻啼鸟。
——孟浩然《春晓》

春潮带雨晚来急，野渡无人舟自横。
——韦应物《滁州西涧》

碧玉妆成一树高，万条垂下绿丝绦。
——贺知章《咏柳》

天街小雨润如酥，草色遥看近却无。
——韩愈《早春呈水部张十八员外·其一》

竹外桃花三两枝，春江水暖鸭先知。
——苏轼《惠崇春江晚景·其一》

等闲识得东风面，万紫千红总是春。
——朱熹《春日》

草长莺飞二月天，拂堤杨柳醉春烟。
——高鼎《村居》

好雨知时节，当春乃发生。
——杜甫《春夜喜雨》

## 夏

小荷才露尖尖角，早有蜻蜓立上头。
——杨万里《小池》

接天莲叶无穷碧，映日荷花别样红。
——杨万里《晓出净慈寺送林子方·其二》

水光潋滟晴方好，山色空蒙雨亦奇。
——苏轼《饮湖上初晴后雨·其二》

黄梅时节家家雨，青草池塘处处蛙。
——赵师秀《约客》

绿阴不减来时路，添得黄鹂四五声。
——曾几《三衢道中》

## 秋

湖光秋月两相和，潭面无风镜未磨。
——刘禹锡《望洞庭》

秋风萧瑟，洪波涌起。
——曹操《观沧海》

待到秋来九月八，我花开后百花杀。
——黄巢《不第后赋菊》

停车坐爱枫林晚，霜叶红于二月花。
——杜牧《山行》

可怜九月初三夜，露似真珠月似弓。
——白居易《暮江吟》

**背诵打卡** 背诵日期：________

| 第 1 天 | 第 2 天 | 第 4 天 | 第 7 天 | 第 15 天 | 第 30 天 | 第 90 天 |
|---|---|---|---|---|---|---|
| ○ | ○ | ○ | ○ | ○ | ○ | ○ |

# 能用恶作剧开玩笑吗？

## 情境漫画

## 通才进阶笔记

与同学相处，不能乱开玩笑，特别是当玩笑涉及安全问题时，要把握分寸。一旦出现危险情况，要立刻停手。当我们是旁观者，看到别人被开玩笑时，应该及时出手制止，防止更进一步的伤害发生。

## 通才问答课堂

你知道“恶作剧”这个词的由来吗？

答案 “恶作剧”指令人难堪的戏弄，最早出现在唐代段成式创作的笔记小说集《酉阳杂俎》中。

## 冬

千山鸟飞绝，万径人踪灭。

——柳宗元《江雪》

忽如一夜春风来，千树万树梨花开。

——岑参《白雪歌送武判官归京》

千里黄云白日曛，北风吹雁雪纷纷。

——高适《别董大·其一》

夜深知雪重，时闻折竹声。

——白居易《夜雪》

柴门闻犬吠，风雪夜归人。

——刘长卿《逢雪宿芙蓉山主人》

墙角数枝梅，凌寒独自开。

——王安石《梅花》

## 江河湖泊

白日依山尽，黄河入海流。

——王之涣《登鹳雀楼》

九曲黄河万里沙，浪淘风簸自天涯。

——刘禹锡《浪淘沙·其一》

孤帆远影碧空尽，唯见长江天际流。

——李白《黄鹤楼送孟浩然之广陵》

烟笼寒水月笼沙，夜泊秦淮近酒家。

——杜牧《泊秦淮》

春江潮水连海平，海上明月共潮生。

——张若虚《春江花月夜》

八月湖水平，涵虚混太清。

——孟浩然《望洞庭湖赠张丞相》

## 名山

相看两不厌，只有敬亭山。

——李白《独坐敬亭山》

峨眉山月半轮秋，影入平羌江水流。

——李白《峨眉山月歌》

君问归期未有期，巴山夜雨涨秋池。

——李商隐《夜雨寄北》

不识庐山真面目，只缘身在此山中。

——苏轼《题西林壁》

客路青山外，行舟绿水前。

——王湾《次北固山下》

岱宗夫如何？齐鲁青未了。

——杜甫《望岳》

**背诵打卡**

背诵日期：________

| 第 1 天 | 第 2 天 | 第 4 天 | 第 7 天 | 第 15 天 | 第 30 天 | 第 90 天 |
|---|---|---|---|---|---|---|
| ○ | ○ | ○ | ○ | ○ | ○ | ○ |

# 在楼梯上玩耍很危险

## 情境漫画

在楼梯玩耍，容易撞倒其他人，造成危险。

如果楼道拥挤，跌倒了很容易被人群踩踏。

## 通才进阶笔记

### 如何正确下楼梯

1. 遵守秩序，自觉排队，能够有效避免踩踏事故。

2. 遇到其他人在楼梯上推搡、奔跑，要保持镇定，不能被他们带动。

3. 遇到人多的情况，一定要听老师的指挥，有序地下楼梯。

## 通才问答课堂

你知道古代台阶的级数有什么讲究吗？

答案：古代台阶的级数一般为单数，而且数字越大，等级越高。

## 劝学和奉献

少壮不努力，老大徒伤悲。

——汉乐府《长歌行》

古人学问无遗力，少壮工夫老始成。

——陆游《冬夜读书示子聿·其三》

黑发不知勤学早，白首方悔读书迟。

——颜真卿《劝学》

策马前途须努力，莫学龙钟虚叹息。

——李涉《岳阳别张祜》

落红不是无情物，化作春泥更护花。

——《己亥杂诗·其五》

春蚕到死丝方尽，蜡炬成灰泪始干。

——李商隐《无题》

## 儿童生活

小娃撑小艇，偷采白莲回。

——白居易《池上》

稚子金盆脱晓冰，彩丝穿取当银钲。

——杨万里《稚子弄冰》

蓬头稚子学垂纶，侧坐莓苔草映身。

——胡令能《小儿垂钓》

最喜小儿亡赖，溪头卧剥莲蓬。

——辛弃疾《清平乐·村居》

## 边塞生活

黄沙百战穿金甲，不破楼兰终不还。

——王昌龄《从军行·其四》

羌笛何须怨杨柳，春风不度玉门关。

——王之涣《凉州词·其一》

醉卧沙场君莫笑，古来征战几人回。

——王翰《凉州词·其一》

不知何处吹芦管，一夜征人尽望乡。

——李益《夜上受降城闻笛》

秦时明月汉时关，万里长征人未还。

——王昌龄《出塞·其一》

欲将轻骑逐，大雪满弓刀。

——卢纶《塞下曲·其三》

大漠孤烟直，长河落日圆。

——王维《使至塞上》

背诵打卡 ✓　背诵日期：________

| 第 1 天 | 第 2 天 | 第 4 天 | 第 7 天 | 第 15 天 | 第 30 天 | 第 90 天 |
| --- | --- | --- | --- | --- | --- | --- |
| ○ | ○ | ○ | ○ | ○ | ○ | ○ |

# 网吧能去吗？

## 情境漫画

面对网吧的选择

## 通才进阶笔记

**我们为什么不能去网吧？**

① 《中华人民共和国未成年人保护法》规定：营业性歌舞娱乐场所、互联网上网服务营业场所等不适宜未成年人活动的场所，不得允许未成年人进入。

② 在网吧上网容易染上网瘾，既摧残身体，又影响学习。

③ 网吧里的人鱼龙混杂，未成年人在其中容易受到威胁和侵害。

## 通才问答课堂

古代有专门的娱乐场所吗？

答案：有。"瓦舍"就是宋朝大型的城市娱乐中心，里面设有酒肆、茶坊、勾栏等游乐设施。

go!

## 不同情绪

白发三千丈，缘愁似个长。
——李白《秋浦歌·其十五》

抽刀断水水更流，举杯销愁愁更愁。
——李白《宣州谢朓楼饯别校书叔云》

夜发清溪向三峡，思君不见下渝州。
——李白《峨眉山月歌》

却看妻子愁何在，漫卷诗书喜欲狂。
——杜甫《闻官军收河南河北》

月落乌啼霜满天，江枫渔火对愁眠。
——张继《枫桥夜泊》

移舟泊烟渚，日暮客愁新。
——孟浩然《宿建德江》

念天地之悠悠，独怆然而涕下。
——陈子昂《登幽州台歌》

死去元知万事空，但悲不见九州同。
——陆游《示儿》

春风得意马蹄疾，一日看尽长安花。
——孟郊《登科后》

商女不知亡国恨，隔江犹唱后庭花。
——杜牧《泊秦淮》

衣带渐宽终不悔，为伊消得人憔悴。
——柳永《蝶恋花·伫倚危楼风细细》

郁孤台下清江水，中间多少行人泪。
——辛弃疾《菩萨蛮·书江西造口壁》

靖康耻，犹未雪。臣子恨，何时灭。
——岳飞《满江红·怒发冲冠》

天长地久有时尽，此恨绵绵无绝期。
——白居易《长恨歌》

夕阳无限好，只是近黄昏。
——李商隐《乐游原》

问君能有几多愁？
恰似一江春水向东流。
——李煜《虞美人·春花秋月何时了》

一曲高歌一樽酒，一人独钓一江秋。
——王士祯《题秋江独钓图》

一寸丹心图报国，两行清泪为思亲。
——于谦《立春日感怀》

背诵打卡 背诵日期：________

| 第1天 | 第2天 | 第4天 | 第7天 | 第15天 | 第30天 | 第90天 |
|---|---|---|---|---|---|---|
| ○ | ○ | ○ | ○ | ○ | ○ | ○ |

# 可以用文具打闹吗？

## 情境漫画

## 通才进阶笔记

文具是我们学习的工具，而不是我们的玩具，更何况这个“玩具”随时可能变成伤害同学的“武器”。因此，我们要养成良好的使用文具的习惯，不要用其打闹，看到其他同学拿文具玩耍，一定要及时提醒。

## 通才问答课堂

古代的文具有哪些？

答案：笔、墨、纸、砚、笔筒、印章、算盘等。

## 古人的称谓

**名和字：** 古人幼时命名，成年（男 20 岁、女 15 岁）取字，故合称“名字”（后来一般指人的姓名或单指名）。

**号：** 又称别号，多由自己取。它一般只用于自称，以显示某种志趣或抒发某种情感；对人称号也是一种敬称。如：陶渊明号五柳先生，李白号青莲居士，白居易号香山居士。

**官爵：** 对为官之人称官爵的比较多，为尊称。如：杜工部（杜甫）、王荆公（王安石）。

**官地：** 用任官之地来称呼，为尊称。如：柳宗元曾任柳州刺史，世称柳柳州。

**郡望：** 用对方的豪门大族所在区域来称呼。如：韩愈人称韩昌黎，韩愈并不出生于昌黎，韩姓是昌黎的郡望，故称。

**斋名：** 用斋号或室号来称呼。如：蒲松龄称为聊斋先生，梁启超称为饮冰室主人。

**谥号：** 古代王侯将相、高级官吏、著名文士等死后被追加的称号叫谥号。如：欧阳修为欧阳文忠公，王安石为王文公，范仲淹为范文正公。

**庙号：** 帝王于庙中被供奉时被称呼的名号，是称呼死去的帝王的。从汉代开始，开国皇帝一般称为“太祖”“高祖”或“世祖”，以后的嗣君一般称为“宗”。

**年号：** 从汉武帝开始有，是封建皇帝纪年的名号。如：明代的万历皇帝、嘉靖皇帝，清代的康熙皇帝、雍正皇帝。

**背诵打卡** 背诵日期：________ go!

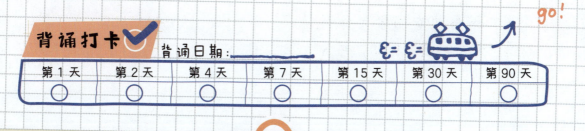

| 第 1 天 | 第 2 天 | 第 4 天 | 第 7 天 | 第 15 天 | 第 30 天 | 第 90 天 |
|---|---|---|---|---|---|---|
| ○ | ○ | ○ | ○ | ○ | ○ | ○ |

# 上课时身体不舒服要忍着吗？

## 情境漫画

## 通才进阶笔记

1. 在学校一旦发现身体不舒服，要立刻把情况告诉老师，千万不要忍着。

2. 如果老师不在身边，可以告诉身边的同学，让同学帮忙告诉老师。

3. 如果身边有同学身体不适，要及时提供帮助，并告诉老师。

## 通才问答课堂

我国古代有医科学校吗？

答案：有，我国古代最早由国家开办的医学院是隋朝的"太医署"。

## 年龄称谓

**赤子、襁褓：** 未满周岁的婴儿。

**孩提：** 指 2 ~ 3 岁的孩子。

**垂髫（tiáo）：** 古代儿童不束发，头发下垂，因以“垂髫”指儿童，大概为三四岁到七八岁。

**总角：** 古代幼童把垂发在头顶各扎一个髻，形状如角，因而也用“总角”来代指人的幼童阶段，大致为八九岁到十三四岁。

**黄口：** 原本指的是雏鸟，后来也用于指十岁以下的幼儿。

**幼学之年：** 指十岁。出自《礼记·曲礼上》“人生十年曰幼，学”。

**金钗之年：** 女孩十二岁。

**豆蔻年华：** 女子十三四岁。出自唐代杜牧《赠别》：“娉娉袅袅十三余，豆蔻梢头二月初。”

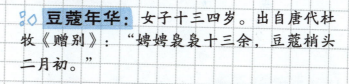

**及笄：** 女子十五岁。“笈”指古代束发用的簪子，古代女子满十五岁后，把头发绾起来，戴上簪子，表示已经成年。

**二八：** 指十六岁。“二八”指两个八相加，指正当青春年少，多指女子。

背诵打卡 背诵日期：

| 第 1 天 | 第 2 天 | 第 4 天 | 第 7 天 | 第 15 天 | 第 30 天 | 第 90 天 |
|---|---|---|---|---|---|---|
| ○ | ○ | ○ | ○ | ○ | ○ | ○ |

# 爸爸的“朋友”来接我，可以跟他回家吗？

情境漫画

## 通才进阶笔记

**如果爸妈没有及时来接我们，我们可以这样做：**

1. 在老师的陪伴下，继续等待爸妈的到来。
2. 如果陌生人来接你，一定要打电话给爸妈确认。
3. 如果过了很久爸妈还没有来，可以让老师打电话给爸妈，问清楚情况再做打算，千万不能擅自离开校园。

## 通才问答课堂

古代有什么传递消息的方式？

答案：鸿雁传书、点孔明灯、烽火台传递、驿站传递等。

## 年龄称谓

**舞象之年：** 古代男子十五至二十岁时期的称谓。“象”是古武舞名。

**弱冠：** 男子二十岁。古代男子二十岁行加冠礼，表示已经成年。但此时男孩还比较年轻，身体犹未强壮，故称“弱冠”。

**而立之年：** 三十岁。《论语·为政》：“三十而立。”“立”即“立身”之意，指能有所成就。

**不惑之年：** 四十岁。《论语·为政》：“四十而不惑。”指年至四十，能明辨是非而不受迷惑。

**知天命：** 五十岁。《论语·为政》：“五十而知天命。”指年至五十，能懂得自然的规律法则。

**耳顺、花甲：** 六十岁。《论语·为政》：“六十而耳顺。”指年至六十，对那些不利于自己的意见也能正确对待。天干地支顺次组合为六十个纪序名号，通常就叫作“六十花甲子”，也称“花甲”，故年满六十也称“花甲”。

**古稀：** 七十岁。出自杜甫《曲江二首》：“酒债寻常行处有，人生七十古来稀。”故后人称七十为“古稀”。

**耄耋（mào dié）：** 八九十岁，泛指老年、高龄。

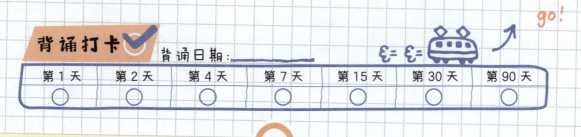

**背诵打卡** 背诵日期：________ go!

| 第 1 天 | 第 2 天 | 第 4 天 | 第 7 天 | 第 15 天 | 第 30 天 | 第 90 天 |
|---|---|---|---|---|---|---|
| ○ | ○ | ○ | ○ | ○ | ○ | ○ |

# 不能用“离家出走”来威胁爸妈

## 情境漫画

## 通才进阶笔记

**离家出走可能发生的情况：**

1. 躲起来之后，自己迷路找不到家。
2. 离家出走的过程中遇到坏人，被带走。
3. 爸妈会因为找不到你而过度担心、着急。

总而言之，离家出走是一件有百害无一利的事，用离家出走吓唬爸妈是万万不可取的。

## 通才问答课堂

**古代的千里马真的能日行千里吗？**

答案：不能。千里马只是指速度极快、行程遥远的马匹，从科学角度来看，马并不能真正实现日行千里的壮举。

# 谦称

## 家族谦称

### “家”字一族

家父、家严、家君：对自己父亲的谦称。

家母、家慈：对自己母亲的谦称。

家兄：对自己哥哥的谦称。

家姊：对自己姐姐的谦称。

### “舍”字一族

舍弟：对自己弟弟的谦称。

舍妹：对自己妹妹的谦称。

舍侄：对自己侄子侄女的谦称。

### “小”字一族

小儿：对自己儿子的谦称。

小女：对自己女儿的谦称。

## 谦称前缀与自称谦称

“敝”字一族：敝人、敝舍、敝姓。

“鄙”字一族：鄙人、鄙见、鄙意。

“愚”字一族：愚兄、愚见。

“拙”字一族：拙见、拙笔、拙作。

“敢”字一族：敢问、敢请、敢烦。

“薄”字一族：薄酒、薄技、薄礼、薄面。

小生、晚学、晚生、不才：读书人对自己的谦称。

## 君臣谦称

寡、孤：古代君主、诸侯对自己的谦称。

臣、下官、末将、卑职：古代大臣对自己的谦称。

背诵打卡 背诵日期：

| 第1天 | 第2天 | 第4天 | 第7天 | 第15天 | 第30天 | 第90天 |
| --- | --- | --- | --- | --- | --- | --- |
| ○ | ○ | ○ | ○ | ○ | ○ | ○ |

go!

# 发生火灾可以坐电梯吗？

## 情境漫画

## 通才进阶笔记

### 遭遇火灾时的正确做法：

1 保持冷静，不要惊慌，听从大人的指挥，逃生一定不能乘坐电梯。

2 如果可以逃生，拿湿毛巾捂住口鼻弯腰逃离火场。

3 如果火势过大无法离开，可以在一个房间里用湿毛巾堵住门缝，防止外面的烟气进入室内。然后打电话求救，或者打开窗户呼救，让救援人员发现自己。

## 通才问答课堂

**中国古代有“消防员”吗？**

答案：有。例如，周朝管理火政的官员有司烜、司爟和宫正，他们分别负责提醒人们注意防火、传达禁止生火的命令，以及监督宫中防火事宜的工作。

# 敬称

## 家族敬称

**“令”字一族**

令尊：对他人父亲的敬称。

令堂：对他人母亲的敬称。

令郎：对他人儿子的敬称。

令爱：对他人女儿的敬称。

令兄：对他人兄长的敬称。

令姊：对他人姐姐的敬称。

令弟：对他人弟弟的敬称。

令妹：对他人妹妹的敬称。

令亲：对他人亲戚的敬称。

## 君臣敬称

陛下、圣上、圣驾、天子、万岁：对皇帝的敬称。

卿、爱卿：皇帝对大臣的敬称。

殿下：对帝王之外的其他皇室成员的敬称。

麾下：对将领的敬称。

## 逝者敬称

先祖：对祖先的敬称。

先考：对已逝父亲的敬称。

先慈：对已逝母亲的敬称。

先帝：对已逝皇帝的敬称。

## 敬称前缀

“奉”字一族：奉告、奉陪、奉还、奉劝、奉迎。

“惠”字一族：惠顾、惠存、惠赠。

“贵”字一族：贵干、贵庚、贵姓。

“光”字一族：光顾、光临。

“高”字一族：高见、高就、高足、高论。

“敬”字一族：敬请、敬告、敬礼。

“恭”字一族：恭请、恭贺、恭祝、恭候、恭迎。

背诵打卡 背诵日期：________ go!

| 第1天 | 第2天 | 第4天 | 第7天 | 第15天 | 第30天 | 第90天 |
|---|---|---|---|---|---|---|
| ○ | ○ | ○ | ○ | ○ | ○ | ○ |

# 一个人在家可以给陌生人开门吗？

## 情境漫画

家里
咚咚咚
看电视
小朋友，我是物业查水表的，麻烦给我开个门。
谁啊？
疑惑
妈妈说过，不能随便给陌生人开门……
犹豫不决
慌
我爸爸在睡觉，你晚点再来吧！

## 通才进阶笔记

**一个人在家遇到陌生人敲门，千万不能这么做：**

1. 不了解情况，第一时间就给对方开门。
2. 给只是见过或者能说出自己名字的人开门。
3. 直接告诉对方大人不在家，透露自己是一个人在家，会使自己陷入更危险的境地。

## 通才问答课堂

**古人防盗基本靠狗吗？**

答案：狗确实是古人防范盗贼的小助手，但是古人的防盗方式远不止于此，还包括复杂的门闩、锁等。

## 职业特殊称谓 / 人群称谓

| 今 | 古 | 今 | 古 |
|---|---|---|---|
| 老板 | 东家 | 医生 | 郎中 |
| 经理 | 掌柜 | 教师 | 夫子 |
| 快递员 | 镖师 | 厨师 | 火夫 |
| 司机 | 车夫 | 律师 | 讼师 |
| 演员 | 优伶 | 出纳 | 账房 |
| 法医 | 仵作 | 翻译 | 译语 |
| 法官 | 司寇 | 助产士 | 稳婆 |
| 中介 | 牙人 | 服务员 | 店小二 |
| 警察 | 捕快 | 歌手 | 乐师 |
| 保镖 | 侍卫 | 保姆 | 丫鬟 |

**背诵打卡** 背诵日期：________

go!

| 第 1 天 | 第 2 天 | 第 4 天 | 第 7 天 | 第 15 天 | 第 30 天 | 第 90 天 |
|---|---|---|---|---|---|---|
| ○ | ○ | ○ | ○ | ○ | ○ | ○ |

# 不要吃过期的食物

## 情境漫画

## 通才进阶笔记

### 为什么不能吃过期的食物？

过期的食物可能会产生有害物质，如细菌、霉菌等，食用后可能会引起食物中毒，出现恶心、呕吐、腹痛、腹泻等症状，严重的还可能会对肝肾功能造成损害。因此，在购买和食用食物时，应该注意检查食品的保质期和储存条件，避免吃到过期的食物。

## 通才问答课堂

什么食材存放越久越值钱？

答案：白酒、陈皮等。

## 朋友关系的称谓

**贫贱之交：** 贫困时结交的朋友。

**金兰之交：** 情投意合的朋友。

**竹马之交：** 儿童时期结成的朋友。

**布衣之交：** 以平民身份交往的朋友。

**刎颈之交：** 可以同生死、共患难的朋友。

**莫逆之交：** 思想一致、感情深厚的朋友。

**患难之交：** 一起经历过艰难处境而有深厚交情的朋友。

**忘年交：** 不拘年龄、辈分的差异而结交的朋友。

**忘形交：** 不拘身份、礼节的知心朋友。

**车笠（lì）之交：** 不因贵贱的变化而改变深厚友谊的朋友。

**君子之交：** 在道义基础上结交的，不谋名利、不尚虚华的朋友。

**神交：** 心意相投、相知很深的朋友或彼此慕名而未见过面的朋友。

**生死之交：** 有着同生共死交情的朋友。

**背诵打卡** 背诵日期：________ go!

| 第 1 天 | 第 2 天 | 第 4 天 | 第 7 天 | 第 15 天 | 第 30 天 | 第 90 天 |
| --- | --- | --- | --- | --- | --- | --- |
| ○ | ○ | ○ | ○ | ○ | ○ | ○ |

# 电器可不是玩具！

## 情境漫画

## 通才进阶笔记

### 小学生要远离哪些电器？

❶ 烤箱、热水壶、卷发棒、电熨斗等在使用过程中要加热的电器，可能会导致烫伤。

❷ 电风扇、空调等。电风扇和空调的扇叶，如果用手触摸，可能会导致手指受伤。

❸ 插线板和电线。用手去摸或用一些物品去接触插孔或者电线，可能会导致触电或受伤。

## 通才问答课堂

**古代有冰箱吗？**

答案：1978年，曾侯乙墓出土了一对冰鉴。冰鉴可以看做是一种原始冰柜，使用时，将盛满酒的器皿放进去，四周围满冰块，合上盖子，很快“冷饮”就可制成。

## 文人骚客雅称、代称

诗杰——王勃
诗奴——贾岛
诗骨——陈子昂
诗魂——屈原
诗囚——孟郊

五柳先生——陶渊明
稼轩居士——辛弃疾
寒酸夫子——孟郊
青莲居士——李白
石湖居士——范成大
五言长城——刘长卿
香山居士——白居易
词中之龙——辛弃疾
淮海居士——秦观
六一居士——欧阳修
田园诗人——陶渊明
清真居士——周邦彦
东坡居士——苏轼
凌云诗才——李商隐
红杏尚书——宋祁
易安居士——李清照
诗家天子——王昌龄
柳泉居士——蒲松龄
山谷道人——黄庭坚

长爪郎——李贺
张三影——张先
杜紫薇——杜牧
贺梅子——贺铸
温八叉——温庭筠
郑鹧鸪——郑谷
梅河豚——梅尧臣

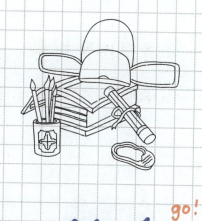

背诵打卡 背诵日期：________

| 第1天 | 第2天 | 第4天 | 第7天 | 第15天 | 第30天 | 第90天 |
|---|---|---|---|---|---|---|
| ○ | ○ | ○ | ○ | ○ | ○ | ○ |

# 被反锁在家怎么办？

## 情境漫画

## 通才进阶笔记

**如果被反锁在家，可以采取以下措施：**

❶ 首先要保持冷静，不要惊慌。冷静地分析情况，采取适当的行动。

❷ 第一时间联系爸妈或长辈求助；如果情况紧急，可拨打 110 求助警察叔叔。

❸ 在等待救援的过程中，不要试图强行破门或翻窗，这可能会造成划伤或跌倒等额外的危险。

## 通才问答课堂

**夜不闭户的现象真的存在吗？**

答案：路不拾遗、夜不闭户只是古代人的一种社会理想，既然是社会理想，那就是在现实生活中不存在的。

## 农历十二个月的雅称

**一月** 正月、孟春、寅月、首春、初月、岁始

**二月** 仲春、卯月、春中、杏月、丽月、花朝

**三月** 季春、辰月、暮春、桃月、蚕月

**四月** 孟夏、巳月、槐月、麦月

**五月** 仲夏、午月、蒲月、榴月、中夏

**六月** 季夏、未月、焦月、荷月、晚夏

**七月** 孟秋、申月、巧月、首秋、初秋、兰月

**八月** 仲秋、酉月、中秋、正秋、桂月

**九月** 季秋、戌月、暮秋、玄月、晚秋、菊月

**十月** 孟冬、亥月、初冬、良月、露月、开冬

**十一月** 仲冬、子月、畅月、冬月、龙潜月

**十二月** 季冬、丑月、除月、腊月、严月

go!

**背诵打卡** 背诵日期:______

| 第 1 天 | 第 2 天 | 第 4 天 | 第 7 天 | 第 15 天 | 第 30 天 | 第 90 天 |
|---|---|---|---|---|---|---|
| ○ | ○ | ○ | ○ | ○ | ○ | ○ |

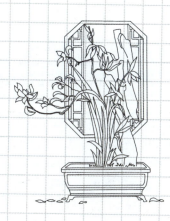

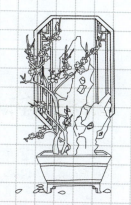

# 快跑，网络上也有病毒！

## 情境漫画

## 通才进阶笔记

### 网络病毒怎么防范？

① 安装可靠的杀毒软件，并及时更新病毒库，便于及时检测和清除网络病毒。

② 不要打开未知来源的邮件和不明下载链接，这些是网络病毒传播的主要途径。

③ 将重要数据备份到云端或电脑硬盘中，以防止因网络病毒攻击导致数据丢失。

## 通才问答课堂

**人类唯一消灭的传染病是什么？**

答案：天花是人类在全球范围内根除的第一种人类传染病，也是人类迄今为止根除的唯一一种人类传染病。

## 花的别称

**牡丹花：** 贵客、赏客、花中之王

**月季花：** 瘦客、花中皇后、斗雪红

**兰　花：** 幽客、香祖

**梅　花：** 一枝梅、花中之魁、状元花、梅兄

**腊　梅：** 寒客

**荷　花：** 菡萏、水芙蓉、芙蕖、溪客、静客

**菊　花：** 黄花、寿客、延寿客、周盈、九花、女华、日精、节华、更生

**山茶花：** 耐冬、玉茗、月丹

**瑞香花：** 蓬莱紫、闺客

**丁香花：** 百结、情客

**木兰花：** 女郎花、辛夷、木笔

**杜鹃花：** 花中西施、映山红、山石榴、山榴

**海棠花：** 名友、花贵妃

**桂　花：** 七里香、九里香、木犀

**水仙花：** 凌波仙子、雅蒜、金银台

**杏　花：** 及第花

**牵牛花：** 狗耳草、喇叭花、勤娘子

**凤仙花：** 羽客、金凤、指甲草

**芍药花：** 花相、将离

**背诵打卡**　背诵日期：________

| 第 1 天 | 第 2 天 | 第 4 天 | 第 7 天 | 第 15 天 | 第 30 天 | 第 90 天 |
|---|---|---|---|---|---|---|
| ○ | ○ | ○ | ○ | ○ | ○ | ○ |

# 网友约见面，可以赴约吗？

## 情境漫画

## 通才进阶笔记

### 遇到网友约见面，应该怎么做呢？

❶ 婉言拒绝。坏人会利用网络行骗，小学生判断力有限。最好不要赴约，以免被坏人纠缠。

❷ 请父母陪同。如果要和网友见面，我们最好请父母陪同，提高安全性。

### 通才问答课堂

谁是乾隆的外国“笔友”？

答案：相传，法国国王路易十六是乾隆的笔友，双方相互通信达62封以上。

## 传统节日

### 春节

别名：新春、新岁、过年

时间：农历正月初一

习俗：买年货、祭灶、扫尘、贴年红、拜年、放爆竹等

起源：

相传古时，每到新年之夜就会有怪兽闯入村落吃人，故名年兽。之后人们发现年兽害怕巨响、红色与火光，于是家家户户每年放爆竹、贴春联、点灯火以吓跑年兽，这些习惯逐渐成为过年的习俗。

相关诗句：

爆竹声中一岁除，春风送暖入屠苏。
千门万户曈曈日，总把新桃换旧符。

——（宋）王安石《元日》

### 元宵节

别名：上元节、元夕、灯节

时间：农历正月十五

习俗：赏花灯、猜灯谜、吃元宵、舞龙舞狮等

起源：

相传，元宵节起源于汉朝。汉惠帝刘盈死后，吕后专权，吕氏家族把持朝政。周勃、陈平等人在吕后死后，铲除了吕家势力，拥刘恒为汉文帝。由于平息诸吕的日子是正月十五日，因此每到这一天，汉文帝都要微服出宫与民同乐，以示纪念，并把这一天定为元宵节。

相关诗句：

东风夜放花千树。更吹落，星如雨。

——（宋）辛弃疾《青玉案·元夕》

**背诵打卡** 背诵日期：________ go!

| 第 1 天 | 第 2 天 | 第 4 天 | 第 7 天 | 第 15 天 | 第 30 天 | 第 90 天 |
|---|---|---|---|---|---|---|
| ○ | ○ | ○ | ○ | ○ | ○ | ○ |

# 怎样识别诈骗信息？

## 情境漫画

情境一

情境二

情境三

## 通才进阶笔记

### 如何警惕网络诈骗？

1 不要在不可信的网站、社交媒体或电话中提供个人敏感信息，如姓名、地址和身份证号码等。

2 不要点击来历不明的二维码或链接，特别是那些包含奇怪字符或诱人奖品的链接。

3 在任何时候都要保持警惕，特别是在网上购物、转账或其他涉及个人财产的操作时。

## 通才问答课堂

古人也有防诈骗指南？

答案：明朝有个叫张应俞的人，写了一本《杜骗新书》，也叫《骗经》，为的就是警示世人杜骗、防骗，开拓了诈骗题材小说的新领域。

go!

## 寒食节

别名：冷节、百五节、禁火节

时间：清明节前一二日

习俗：吃冷食、祭扫、踏青等。

起源：

春秋时期，晋国公子重耳流亡他国，大臣介子推始终追随左右，甚至“割股啖君”。重耳励精图治，成为一代名君“晋文公”。但介子推不求利禄，与母亲归隐绵山，晋文公为了逼介子推出山而下令放火烧山，介子推坚决不出山，最终被火焚而死。晋文公感念忠臣之志，就下令在介子推死难之日禁火寒食，以寄哀思，这就是“寒食节”的由来。

相关诗句：

春城无处不飞花，寒食东风御柳斜。
日暮汉宫传蜡烛，轻烟散入五侯家。
——（唐）韩翃《寒食》

**注**

清明节和寒食节日期比较近，但并不是同一个节日，它们都是我国的传统节日。寒食节的时间一般是在清明节的前一两天。不过，随着社会的发展，清明寒食的习俗合二为一，形成了如今的清明节习俗。

## 清明节

别名：踏青节、三月节、祭祖节

时间：公历 4 月 4、5 或 6 日

习俗：扫墓、踏青、吃蒿饼等。

起源：

清明，是二十四节气之一。清明节气因为节令期间“气清景明、万物皆显”而得名。清明是反映自然界物候变化的节气，这个时节阳光明媚、草木萌动、百花盛开，自然界呈现一派生机勃勃的景象。

相关诗句：

清明时节雨纷纷，路上行人欲断魂。
借问酒家何处有？牧童遥指杏花村。
——（唐）杜牧《清明》

**背诵打卡** 背诵日期：________

| 第 1 天 | 第 2 天 | 第 4 天 | 第 7 天 | 第 15 天 | 第 30 天 | 第 90 天 |
|---|---|---|---|---|---|---|
| ○ | ○ | ○ | ○ | ○ | ○ | ○ |

# 遇到网络暴力怎么办？

## 情境漫画

## 通才进阶笔记

面对网络暴力，小学生需要保持冷静，可以向老师、家长寻求帮助和心理支持。千万不要一个人独自承受。网络暴力的危害很大，即使是一句不经意的话，也会对人造成伤害，所以不论是在现实中，还是在网络上，我们都应该要讲文明。

## 通才问答课堂

**“流言蜚语”这个词怎么来的？**

答案：“流言”出自《礼记》：“久不相见，闻流言不信。”“蜚语”出自《史记》：“乃有蜚语为恶言闻上，故以十二月晦论弃市渭城。”后人把这两则典故合成“流言蜚语”这个成语。

## 端午节

别名：端阳节、龙舟节、重午节

时间：农历五月初五

习俗：划龙舟、挂艾草与菖蒲、吃粽子、喝雄黄酒等

起源：

端午节的起源很多，最广为流传的是为了纪念爱国诗人屈原。楚国诗人屈原在五月初五跳汨罗江自尽，百姓们为了不让江里的鱼虾吃掉他的身体，就用粽叶包裹食物扔进江中，于是，这种祭祀屈原的方式逐渐就形成了习俗。此后，每年农历五月初五这一天，人们纷纷赛龙舟、吃粽子、喝雄黄酒，以此来纪念爱国诗人屈原。

相关诗句：

碧艾香蒲处处忙。谁家儿共女，庆端阳。——（元）舒頔《小重山·端午》

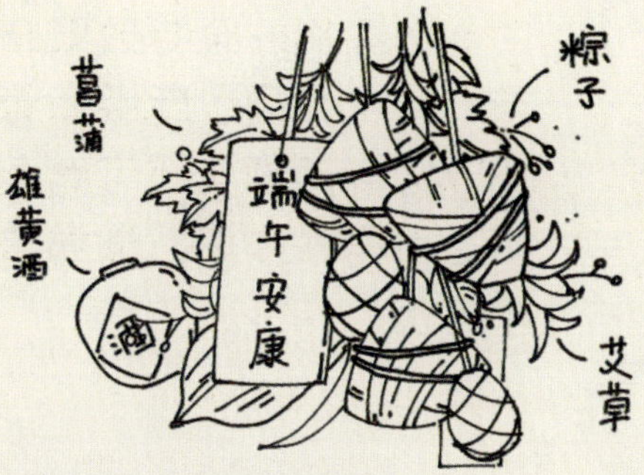

## 七夕节

别名：七巧节、七姐节、女儿节、乞巧节

时间：农历七月初七

习俗：拜七姐、储七夕水、吃巧果、乞求巧艺与姻缘等

起源：

七夕节由星宿崇拜演化而来，为传统意义上的七姐诞。七姐（织女星）是编织云彩、纺织业者，是情侣、妇女、儿童的保护神。经历史发展，七夕被赋予了“牛郎织女”的美丽爱情传说，使其成为象征爱情的节日，从而被认为是中国最具浪漫色彩的传统节日。

相关诗句：

七夕今宵看碧霄，牵牛织女渡河桥。
家家乞巧望秋月，穿尽红丝几万条。
——（唐）林杰《乞巧》

**背诵打卡**　背诵日期：________

| 第 1 天 | 第 2 天 | 第 4 天 | 第 7 天 | 第 15 天 | 第 30 天 | 第 90 天 |
|---|---|---|---|---|---|---|
| ○ | ○ | ○ | ○ | ○ | ○ | ○ |

# 游戏虽然好玩，但不能沉迷

## 情境漫画

## 通才进阶笔记

1. 沉迷游戏会占用大量的时间和精力，导致你无法集中精力学习，影响学习效率和成绩。

2. 沉迷游戏会对身心健康产生负面影响，会导致眼睛疲劳、颈椎僵硬、睡眠质量下降等健康问题，还可能导致社交障碍、焦虑、抑郁等心理问题。

## 通才问答课堂

古代有什么游戏呢？

答案：投壶、七巧板、斗鸡、飞花令等。

go!

## 中元节

别名：七月半、吉祥月、盂兰盆节

时间：农历七月十五

习俗：祭祖、放河灯、祀亡魂、焚纸锭等

起源：

“七月半”的诞生可以追溯到上古的祖先崇拜与农事丰收时祭。古时人们对于农事的丰收，常寄托于神灵的庇佑。奉祀先祖在春夏秋冬皆有，但初秋的“秋尝”在其中十分重要。秋天是收获的季节，人们举行向祖先亡灵献祭的仪式，把时令佳品先供神，然后自己品尝这些劳动的果实，并祈祝来年的好收成。

相关诗句：

江南水寺中元夜，金粟栏边见月娥。

——（唐）李郢《中元夜》

## 中秋节

别名：拜月节、仲秋节、团圆节

时间：农历八月十五

习俗：赏月、看花灯、吃月饼等

起源：

中秋节是从古代的祭月演变而来的，在古代历法中，按季节分为孟月、仲月、季月三个月，农历八月正好是秋天的第二个月，被称为“仲秋”，而旧历八月十五正好是秋天的二分之一，因此也被称为“中秋”，最初被认为是古代帝王祭月的节日，后来渐渐变成了中秋节。

相关诗句：

但愿人长久，千里共婵娟。——（宋）苏轼《水调歌头·明月几时有》

go!

背诵打卡 背诵日期：

| 第 1 天 | 第 2 天 | 第 4 天 | 第 7 天 | 第 15 天 | 第 30 天 | 第 90 天 |
|---|---|---|---|---|---|---|
| ○ | ○ | ○ | ○ | ○ | ○ | ○ |

# 不小心看到不文明的视频怎么办？

## 情境漫画

## 通才进阶笔记

1. 网上不文明信息有很多，小朋友们不要浏览，即使无意中看到了，也要立即关掉。

2. 如果身边有小伙伴在网络上传播不文明信息，要劝告他撤回或者删除。

3. 自己要做到不传播、不散发不文明的信息，为营造文明的网络环境做贡献。

## 通才问答课堂

古代公文信件如何保密？

①封泥法；②拆字法；③代码法；④隐藏字体法；⑤火漆封。

## 重阳节

别名：重九节、登高节、祭祖节、晒秋节、敬老节

时间：农历九月初九

习俗：登山秋游、摆敬老宴、赏菊等

起源：

相传重阳为元帝得道之辰，于是民间在九月农作物秋收之时祭天帝、祭祖，以谢天帝、祖先恩德。这是重阳节作为一种祭祀活动而存在的原始形式，同时还有大型饮宴活动，是由先秦时庆丰收的宴会发展来的。拜神祭祖及求长寿、饮宴等，构成了重阳节的基本内容。

相关诗句：

遥知兄弟登高处，遍插茱萸少一人。
——（唐）王维《九月九日忆山东兄弟》

## 除夕

别名：大年夜、除夜、岁除、年三十、大年三十

时间：农历十二月廿九或三十（农历一年的最后一天）

习俗：清扫庭舍、吃年夜饭、祭祖、守岁、领压岁钱等

起源：

岁除，是岁末除旧布新的日子。除夕，即岁除之夜，它与岁首（新年）首尾相连。旧岁至此夕而除，第二天就换新岁了，故俗称为除夕。除夕作为年尾的节日，源自上古时期岁末除旧布新、祭祀祖先的风俗，岁除之日是传统的祭祖节。

相关诗句：

扫除茅舍涤尘嚣，一炷清香拜九霄。
万物迎春送残腊，一年结局在今宵。
——（宋）戴复古《除夜》

背诵打卡 背诵日期：________ go!

| 第 1 天 | 第 2 天 | 第 4 天 | 第 7 天 | 第 15 天 | 第 30 天 | 第 90 天 |
|---|---|---|---|---|---|---|
| ○ | ○ | ○ | ○ | ○ | ○ | ○ |

# 走路可不能一心二用！

## 情境漫画

## 通才进阶笔记

走路一心二用容易忽视周围的环境和危险因素，从而增加发生事故的风险。所以我们走路时要集中注意力，不仅要注意交通信号和道路状况，还要注意周围的环境和行人。我们不要在走路时玩手机、听音乐或做其他分散注意力的事情。

## 通才问答课堂

### 古代驾车也要考“驾照”吗？

答案 古代的车夫不是谁都能当的，他们要经过专门的培训之后，才能上岗。春秋时代有专门“五御（驭）”作为考核驾车技术的标准。

# 官职的任免升降

## 授予官职

任：委任，任用。
如：恬任外事而毅常为内谋。

除：任命，授职。
如：寻蒙国恩，除臣洗（xiǎn）马。

拜：授予官职。
如：诏书特下，拜臣郎中。

举：选拔、任用，也指由地方官向中央举荐品行端正的人，任以官职。
如：后刺史臣荣举臣秀才。

## 提升官职

擢：提升官职。
如：擢为后将军。

陟：晋升，提拔。
如：陟罚臧否，不宜异同。

加：加封，即在原来的官衔上增加荣衔。
如：平剧盗赖文政有功，加秘阁修撰。

## 降低官职

谪：被罚流放或贬职。
如：滕子京谪守巴陵郡。

贬：降职或外放。
如：贬连州刺史。

左迁：降职，贬官。
如：予左迁九江郡司马。

## 罢免官职

免：免去、解除官职。
如：免官削爵。

黜：罢免官职。
如：公将黜太子申生而立奚齐。

废：废黜，放逐。
如：及留侯策，太子得毋废。

## 辞去官职

告老：官员年老辞职。
如：冬十月，晋韩献子告老。

致仕：交还官职，即退休。
如：大夫七十而致仕，老于乡里。

乞骸骨：年老了请求辞职退休。
如：上书乞骸骨，征拜尚书。

背诵打卡 背诵日期：

| 第 1 天 | 第 2 天 | 第 4 天 | 第 7 天 | 第 15 天 | 第 30 天 | 第 90 天 |
| --- | --- | --- | --- | --- | --- | --- |
| ○ | ○ | ○ | ○ | ○ | ○ | ○ |

# 马上要迟到了，可以闯红灯吗？

## 情境漫画

### 通才进阶笔记

1. 闯红灯是个错误的，并且极端危险的行为。

2. 闯红灯会打乱正常的交通秩序，增加其他车辆的操作难度，很可能导致交通事故的发生。

3. 无论何时都要遵守交通规则，把生命安全放在第一位。

### 通才问答课堂

红绿灯是哪个国家发明的？

答案 英国。1868 年，英国德·哈特制造了一款高 7m 的红、绿交通信号灯。

## 科举制度

科举制是我国古代通过考试选拔官吏的一种制度，由于采用分科取士的方法，所以叫科举。科举制有严格的考试程序，大致可以分为四级：童试、乡试、会试和殿试。

**童试** 明代由提学官主持、清代由各省学政主持的地方科举考试，包括县试、府试和院试三个阶段。

**乡试** 明清两代每三年在各省省城（包括京城）举行的一次考试，因在秋季的八月举行，故又称秋闱（闱，考场）。

**会试** 明清两代每三年在京城举行的一次考试，因在春季举行，故又称春闱。考试由礼部主持，皇帝任命正、副考官，各省的举人及国子监监生皆可应考。

**殿试** 科举制中最高级别的考试，皇帝在殿廷上对会试录取的贡士亲自策问，以定甲第。实际上皇帝有时委派大臣主管殿试，并不亲自策问。

**连中三元** 科举考试以名列第一者为元，如果在乡、会、殿三试中连续获得第一名，即为“连中三元”。据统计，历史上连中三元者寥寥无几。

### 明清科举简表

| | 童生试 | 乡试 | 会试 | 殿试 |
|---|---|---|---|---|
| 考场地点 | 府、州、县 | 京城和各省省城 | 京城 | 皇宫 |
| 主考人 | 各省学政 | 皇帝委派 | 礼部主持，皇帝任命 | 皇帝或委派大臣 |
| 参加者 | 童生 | 生员(秀才)、监生 | 举人及监生 | 贡士 |
| 考中者 | 生员(秀才) | 举人 | 贡士 | 进士 |
| 第一名 | 案首 | 解元 | 会元 | 状元 |
| 第二名 | 秀才 | 亚元 | 贡士 | 榜眼 |
| 第三名 | 秀才 | 举人 | 贡士 | 探花 |

**背诵打卡** 背诵日期：________

| 第1天 | 第2天 | 第4天 | 第7天 | 第15天 | 第30天 | 第90天 |
|---|---|---|---|---|---|---|
| ○ | ○ | ○ | ○ | ○ | ○ | ○ |

# 出去玩和爸妈走散了，怎么办？

## 情境漫画

## 通才进阶笔记

1. 站在原地，等待父母。等父母的时候，不要吃陌生人给的食物，也不要和陌生人交谈。

2. 向警察、军人、当地工作人员等穿制服的人求助。

3. 如果是在商场跟父母走散，又等不到父母，可以找到商场的广播站，让商场的工作人员播放寻人信息，寻找父母。

## 通才问答课堂

古人迷路走丢了怎么办？

答案 可以用指南针识别方向，如果没有指南针，可以看星星的位置，树的年轮辨别方向。

# 古代国家官制

## 秦汉：三公九卿制

**皇帝**

- **丞相**：治理全国
- **太尉**：负责军事
- **御史大夫**：监察百官

| 奉常 | 郎中令 | 卫尉 | 太仆 | 廷尉 | 典客 | 宗正 | 治粟内史 | 少府 |
| --- | --- | --- | --- | --- | --- | --- | --- | --- |
| 宗庙礼仪 | 宫殿警卫 | 宫门警卫 | 宫廷车马 | 刑狱司法 | 民族事宜 | 皇族事务 | 财政税收 | 宫廷总务 |

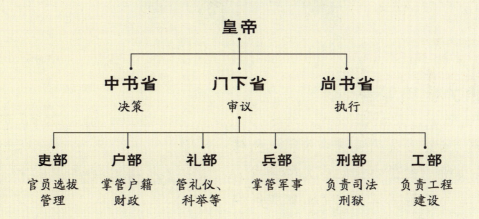

## 隋唐至明清：三省六部制

**皇帝**

- **中书省**：决策
- **门下省**：审议
- **尚书省**：执行

| 吏部 | 户部 | 礼部 | 兵部 | 刑部 | 工部 |
| --- | --- | --- | --- | --- | --- |
| 官员选拔管理 | 掌管户籍财政 | 管礼仪、科举等 | 掌管军事 | 负责司法刑狱 | 负责工程建设 |

**背诵打卡**　背诵日期：________

| 第 1 天 | 第 2 天 | 第 4 天 | 第 7 天 | 第 15 天 | 第 30 天 | 第 90 天 |
| --- | --- | --- | --- | --- | --- | --- |
| ○ | ○ | ○ | ○ | ○ | ○ | ○ |

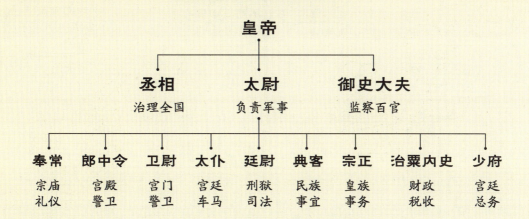

# 如何应对陌生人的请求？

## 情境漫画

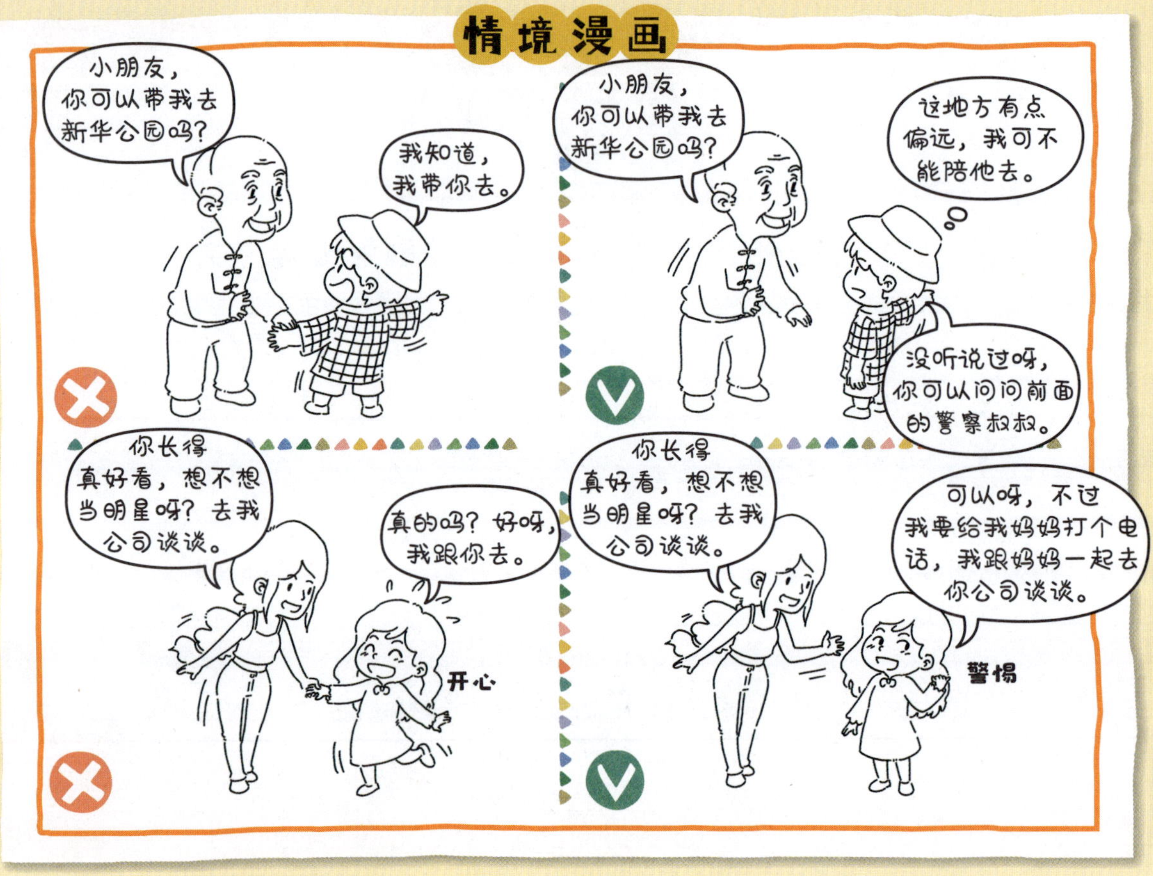


## 通才进阶笔记

虽然助人为乐是中华民族的传统美德，但是对于陌生人的请求，还是不要轻易答应帮忙。如果条件允许的话，可以把事情交给警察或者家长来处理，这样既可以帮助别人又保障了自己的安全。

## 通才问答课堂

“一问三不知”的“三不知”究竟指什么？

答案：“三不知”是指不知道事情的开始、发展和结局。

## 六艺

六艺是我国周朝贵族教育体系中的六种技能，包括：礼（礼仪）、乐（音乐）、射（射箭）、御（驾驭马车、战车）、书（书写）、数（计算）。

## 音乐

五音：古人把宫、商、角（jué）、徵（zhǐ）、羽称为五音，从宫到羽，按照音的高低排列起来，形成一个五声音阶。

六律：律，本指用来定音的竹管，后来成为我国古代音乐方面的专门名称，即黄钟、太簇、姑洗、蕤（ruí）宾、夷则、无射。

古代常见的乐器：琵琶、编钟、笛、笙、箫、二胡、鼓、箜篌、古琴等。

## 书法

文房四宝：笔、墨、纸、砚的总称。这些文具，制作历史悠久，名手辈出，而且品类丰富，风格独特。

六书：汉代学者把汉字的构成和使用方式归纳成六种类型，即象形、指事、会意、形声、转注、假借。

阳文、阴文：阳文、阴文是我国古代刻在器物上的文字，笔画凸起的叫阳文，凹下的叫阴文。阳文拓下来或盖出来是白底黑（红）字，阴文拓下来或盖出来的是黑（红）底白字。

背诵打卡 背诵日期：______ go!

| 第 1 天 | 第 2 天 | 第 4 天 | 第 7 天 | 第 15 天 | 第 30 天 | 第 90 天 |
|---|---|---|---|---|---|---|
| ○ | ○ | ○ | ○ | ○ | ○ | ○ |

# 不要在河边玩耍

## 情境漫画

为了防止溺水悲剧的发生，我们一定要记住“四不”：

不私自下水游泳。
禁止游泳
不到无安全设施、无救援人员的水域游泳。
这是池塘，可不是游泳池。
阻止
不擅自与他人结伴游泳。
我还不会游泳呢！
我也才学了几天。
不在无家长或者老师的陪同下游泳。
以后不管你去哪里游泳，一定要有大人陪同哦！

## 通才进阶笔记

### 溺水时该如何自救呢？

1. 意外落水后，千万不要因为惊慌拼命挣扎，这样会导致体力消耗过快、身体加速下沉。

2. 落水后应立刻屏住呼吸，踢掉鞋子，放松全身，让身体漂浮在水面上。然后用口鼻呼吸，不要胡乱挣扎，以免失去平衡。

3. 如果在水中突然腿抽筋，又无法靠岸时，立即求救。如果周围无人，可深吸一口气潜入水中，伸直抽筋的那条腿，用手将脚趾向上扳，以缓解抽筋。

## 通才问答课堂

**古代最早的潜水员是做什么的？**

答案：采珠，采集珍珠。

## 体育运动

蹴鞠：“鞠”最早是外包皮革、内实米糠的球。因而“蹴鞠”就是指古人以脚蹴、蹋、踢皮球的活动，类似今天的足球。

角抵：是一种类似现在摔跤、相扑一类的两两较力的活动。角抵最初是一种作战技能，后来成为训练兵士的方法，又演变为民间竞技，带有娱乐性质。

捶丸：是我国古代以球杖击球入穴的一种运动项目。前身可能是唐代马球中的步打球，到了宋朝，比赛性质发生变化，改称为“捶丸”。

射箭：“射”是中国古代六艺之一。射礼也是中华传统礼仪的重要内容。由射礼还衍生出了“投壶”。

## 棋类

象棋：中国象棋是中国传统棋种，红黑二色各有十六枚棋子，双方轮流走子，以把对方的将或帅“将死”或“困毙”为胜。

围棋：围棋起源于中国，是棋类的鼻祖。围棋使用矩形格状棋盘及黑白二色圆形棋子进行对弈，对局双方在棋盘的交叉点上轮流下子，每次只能下一子，终局时以目数多者为胜。

五子棋：五子棋起源于中国，是一种两人对弈的游戏。双方分别使用黑白两色的棋子，下在棋盘直线与横线的交叉点上，先形成五子连珠者获胜。

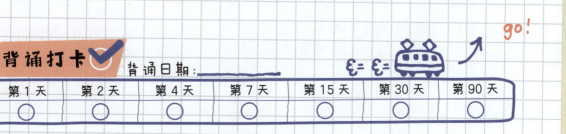

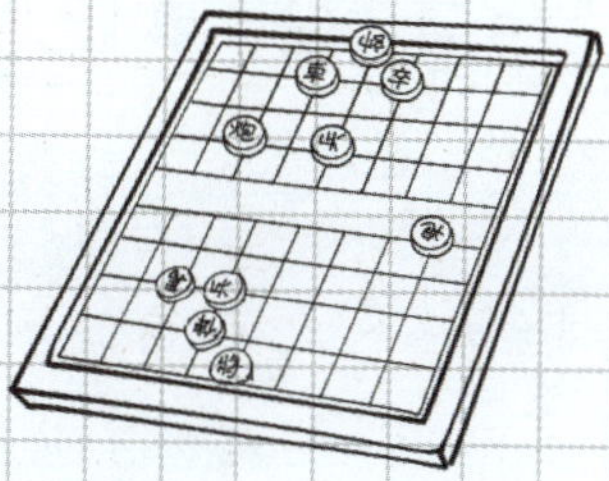

背诵打卡 背诵日期：

| 第 1 天 | 第 2 天 | 第 4 天 | 第 7 天 | 第 15 天 | 第 30 天 | 第 90 天 |
|---|---|---|---|---|---|---|
| ○ | ○ | ○ | ○ | ○ | ○ | ○ |

go!

# 如何防止和应对被狗追

## 情境漫画

## 通才进阶笔记

当被狗攻击时，用随身物品遮挡身体，这样可以尽量避免被咬伤，还能转移狗狗的注意力。如果被狗扑倒，小伙伴们要护住颈部和头部等要害部位，并大声呼救。若是不小心被狗咬伤了，一定要去医院救治，并且按照医生的要求接种狂犬病疫苗。

## 通才问答课堂

**狗是色盲吗？**

答案 狗都是色盲，但它们并非是全色盲。狗能够分辨深浅不同的蓝、靛和紫色，但是对于红、绿等高彩度色彩没有特殊的感受力。

## 戏剧

元曲：元曲是盛行于元代的一种文艺形式，为元代儒客文人智慧的精髓，包括杂剧和散曲。杂剧是宋代以滑稽搞笑为特点的一种表演形式，元代发展成戏曲形式。散曲，盛行于元、明、清三代的没有宾白的曲子形式，内容以抒情为主，有小令和套数两种。

京剧：又称平剧、京戏，国粹之一，形成于19世纪中期的北京，起源于安徽徽剧、湖北汉剧、江苏昆曲和陕西梆子。京剧有四种主要角色，即生、旦、净、丑。

地方戏：地方戏流行于一定地区，是具有地方特色的戏曲剧种的统称。比如，晋剧、豫剧、越剧、黄梅戏、评剧、淮剧、秦腔、河北梆子、川剧、吕剧等。它是与流行全国的剧种（京剧）相对的。

背诵打卡 背诵日期：

| 第1天 | 第2天 | 第4天 | 第7天 | 第15天 | 第30天 | 第90天 |
| --- | --- | --- | --- | --- | --- | --- |
| ○ | ○ | ○ | ○ | ○ | ○ | ○ |

go!

# 附录一：中国之最

## 文化篇

最大的诗歌集：《全唐诗》

最长的叙事诗：《孔雀东南飞》

最伟大的现实主义长篇小说：《红楼梦》

古代最杰出的铭文：《陋室铭》

古代最杰出的长篇讽刺小说：《儒林外史》

古代最杰出的文言短篇小说集：《聊斋志异》

最伟大的浪漫主义诗人：李白

成就最高的女词人：李清照

最伟大的现实主义诗人：杜甫

最早提出月食成因的人：张衡

现存诗作最多的爱国诗人：陆游

最早将圆周率准确到第七位小数的人：祖冲之

历史最悠久的民族服饰：汉服

最早的货币：海贝

最早的文字：甲骨文

最早的金属币：铜贝

## 地理篇

最大的皇宫：故宫

最大的百科全书：《永乐大典》

最高的宫殿：布达拉宫

含沙量最大的河：黄河

最长的城墙：长城

最长的河流：长江

最长的石窟画廊：敦煌莫高窟

最大的海峡：台湾海峡

最大最重的青铜器：司母戊鼎

最长的运河：京杭大运河

古代字数最多的字典：《康熙字典》

最大的湖泊：青海湖

最大的水利枢纽工程：三峡工程

最著名的江潮：钱塘江大潮

古代最长的石拱桥：永济桥

最大的内海：渤海

最低的盆地：吐鲁番盆地

最高的盆地：柴达木盆地

最高的高原：青藏高原

最高的山：珠穆朗玛峰

面积最大的直辖市：重庆

最长的地下河：坎儿井

最大的淡水湖：鄱阳湖

最长的内流河：塔里木河

最大的沙漠：塔克拉玛干沙漠

最大的瀑布：黄果树瀑布

最大的岛：台湾岛

面积最大的平原：东北平原

海拔最高的河：雅鲁藏布江

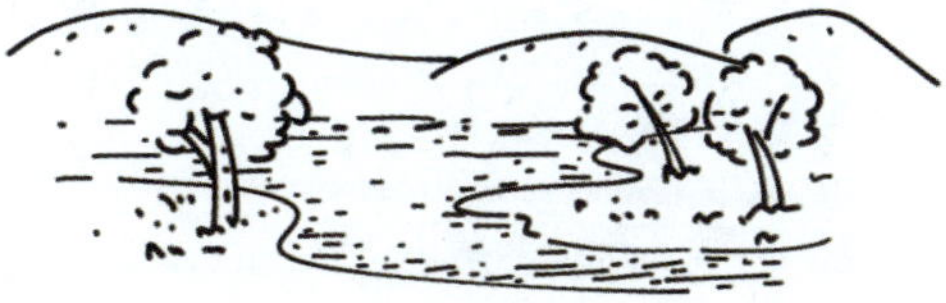

## 附录二：与数字有关的文学常识

### 一

中国第一位私人办学的教育家：孔子

中国第一位浪漫主义爱国诗人：屈原

中国第一位提出勾股定理的人：商高

中国第一位出使西域的人：张骞（qiān）

中国第一位开拓“童话园地”的作家：叶圣陶

中国第一位田园诗人：陶渊明

中国第一位女词人：李清照

中国第一部词典：《尔雅》

中国第一部字典：《说文解字》

中国第一部神话集：《山海经》

中国第一部诗歌总集：《诗经》

中国第一部国别史著作：《国语》

中国第一部语录体著作：《论语》

中国第一部纪传体通史：《史记》

中国第一部编年体史书：《春秋》

中国第一部科普作品：《梦溪笔谈》

中国第一部纪传体断代史：《汉书》

中国第一部编年体断代史：《春秋》

中国第一部军事著作：《孙子兵法》

中国第一部长篇叙事诗:《孔雀东南飞》

中国第一部文选:《昭明文选》

中国第一部日记体游记:《徐霞客游记》

中国第一首长篇政治抒情诗:《离骚》

中国第一部浪漫主义诗歌总集:《楚辞》

中国第一部长篇讽刺小说:《儒林外史》

中国第一部水文地理专著:《水经注》

中国第一部文言志怪小说集:《搜神记》

中国第一部浪漫主义神话小说:《西游记》

中国第一部文言志人小说集:《世说新语》

中国第一部文学理论和评论专著:《文心雕龙》

中国第一部长篇章回体历史演义小说:《三国演义》

中国第一部个人创作的文言短篇小说集:《聊斋志异》

中国第一部记录谋臣、策士、门客言行的专集:《战国策》

中国第一部关于农业和手工业的综合性著作:《天工开物》

中国现代文学史上第一部新诗集:《尝试集》

中国现代文学史上第一部白话文小说:《狂人日记》

## 二

儒家两大代表人物:孔子、孟子

道家两大代表人物:老子、庄子

史学两司马:司马迁、司马光

现代文坛“双子星座”:鲁迅、郭沫若

史学双璧:《史记》《资治通鉴》

乐府双璧:《木兰诗》《孔雀东南飞》

花中双绝:牡丹、芍药

## 三

三苏:苏洵、苏轼、苏辙

三曹:曹操、曹丕、曹植

三班:班彪、班固、班昭

南朝三谢:谢灵运、谢惠连、谢朓(tiǎo)

三皇五帝:三皇为燧(suì)人、伏羲、神农;五帝为黄帝、颛(zhuān)顼(xū)、帝喾(kù)、尧、舜

春秋三传:《左传》《公羊传》《谷梁传》

儒家经典三礼:《周礼》《仪礼》《礼记》

冯梦龙的“三言二拍”：三言是《喻世明言》《警世通言》《醒世恒言》；
二拍是《初刻拍案惊奇》《二刻拍案惊奇》

杜甫的“三吏三别”：三吏是《新安吏》《石壕吏》《潼关吏》；
三别是《新婚别》《垂老别》《无家别》

巴金的“激流三部曲”：《家》《春》《秋》

高尔基的“自传体三部曲”：《童年》《在人间》《我的大学》

岁寒三友：松、竹、梅

殿试前三名：状元、榜眼、探花

科考三元：解元（乡试）、会元（会试）、状元（殿试）

中国三大国粹：京剧、中医、国画

朝廷三省：中书省（决策）、门下省（审议）、尚书省（执行）

三教九流：三教指儒教、道教、佛教；
九流指儒家、道家、阴阳家、法家、名家、墨家、纵横家、杂家、农家

三纲五常：三纲指父为子纲、君为臣纲、夫为妻纲；五常指仁、义、礼、智、信

中国三大平原：东北平原、华北平原、长江中下游平原

江南三大名楼：岳阳楼、黄鹤楼、滕王阁

## 四

初唐四杰：骆宾王、卢照邻、王勃、杨炯

苏门四学士：黄庭坚、秦观、晁（cháo）补之、张耒（lěi）

元曲四大家：关汉卿、马致远、白朴、郑光祖

楷书四大家：颜真卿、柳公权、欧阳询、赵孟頫（fǔ）

北宋文坛四大家：王安石、欧阳修、苏轼、黄庭坚

千古文章四大家：韩愈、柳宗元、欧阳修、苏轼

北宋四大书法家：苏轼、黄庭坚、米芾（fú）、蔡襄

战国四君子：孟尝君田文、平原君赵胜、春申君黄歇、信陵君魏无忌

古代四大美女：西施（沉鱼）、王昭君（落雁）、貂蝉（闭月）、杨玉环（羞花）

二十四史前四史：《史记》《汉书》《后汉书》《三国志》

经典四书：《大学》《中庸》《论语》《孟子》

中国古典长篇小说四大名著：《红楼梦》《水浒传》《西游记》《三国演义》

四大民间故事：《牛郎织女》《白蛇传》《梁山伯与祝英台》《孟姜女》

晚清四大谴责小说：《官场现形记》《二十年目睹之怪现状》《老残游记》《孽海花》

莎士比亚四大悲剧：《哈姆雷特》《奥赛罗》《李尔王》《麦克白》

莎士比亚四大喜剧：《仲夏夜之梦》《威尼斯商人》《第十二夜》《皆大欢喜》

元曲四大悲剧：《窦娥冤》《梧桐雨》《汉宫秋》《赵氏孤儿》

元曲四大爱情剧：《拜月亭》《西厢记》《墙头马上》《倩女离魂》

元曲四大家：关汉卿、马致远、郑光祖、白朴

明代汤显祖“玉茗堂四梦”：《牡丹亭》《紫钗记》《邯郸记》《南柯记》

四大文学体裁：诗歌、小说、散文、戏剧

中医四诊：望、闻、问、切

书法四体：正、草、隶、篆（zhuàn）

文房四宝：笔、墨、纸、砚

四库全书：经、史、子、集

中国古代秀才四艺：琴、棋、书、画

国画四君子：梅、兰、竹、菊

兄弟四排行：伯、仲、叔、季

戏曲四行当：生、旦、净、丑

古代祥瑞四灵：龙、凤凰、麒麟、乌龟

中国古代四大发明：指南针、造纸术、印刷术、火药

世界四大文明古国：中国、古埃及、古巴比伦、古印度

四时八节：四时为春、夏、秋、冬；
八节为立春、春分、立夏、夏至、立秋、秋分、立冬、冬至

四大名花：洛阳牡丹、杭州菊花、昆明山茶、漳州水仙

佛教四大名山：五台山、峨眉山、普陀山、九华山

道教四大名山：武当山、龙虎山、齐云山、青城山

四大洋七大洲：四大洋是太平洋、大西洋、印度洋、北冰洋；
七大洲是亚洲、欧洲、非洲、北美洲、南美洲、大洋洲、南极洲

我国四大名亭：醉翁亭、陶然亭、爱晚亭、湖心亭

## 五

五脏：心、肝、脾、肺、肾

五味：酸、甜、苦、辣、咸

五官：眉、眼、耳、鼻、口

五谷：稻、麦、黍、菽（shū）、稷（jì）

五音：宫、商、角、徵（zhǐ）、羽

五行：金、木、水、火、土

五彩：青、黄、赤、白、黑

五毒：蛇、蝎、蜈蚣、蟾蜍、壁虎

五岳：中岳嵩山、东岳泰山、西岳华山、南岳衡山、北岳恒山

五湖四海：五湖指洞庭湖、鄱阳湖、太湖、巢湖、洪泽湖；
四海指渤海、黄海、东海、南海

## 六

六亲：父、母、兄、弟、妻、子

六根：眼、耳、鼻、舌、身、意

六畜：马、牛、羊、狗、猪、鸡

春秋六艺：礼、乐、射、御、书、数

诗经六义：风、雅、颂、赋、比、兴

六礼：纳采、问名、纳吉、纳征、请期、亲迎

六艺经传：《诗》《书》《礼》《易》《乐》《春秋》

## 七

竹林七贤：嵇(jī)康、阮(ruǎn)籍、山涛、向秀、阮咸、王戎、刘伶

建安七子：孔融、陈琳、王粲(càn)、徐干、阮瑀(yǔ)、应玚(yáng)、刘桢(zhēn)

七情：喜、怒、忧、思、悲、恐、惊

战国七雄：秦、楚、燕、齐、赵、魏、韩

七政：日、月、金星、木星、水星、火星、土星

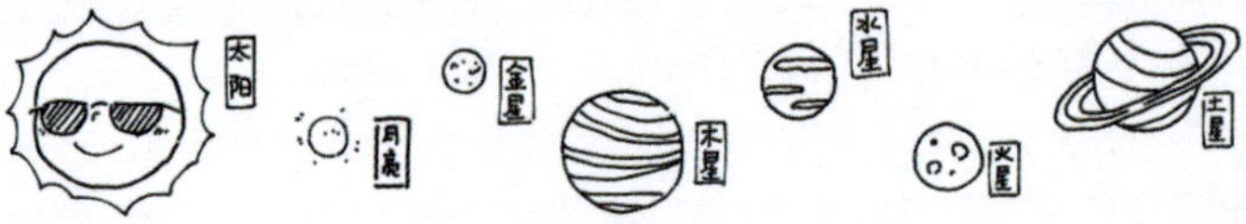


## 八

唐宋八大家：韩愈、柳宗元、欧阳修、王安石、苏洵、苏轼、苏辙、曾巩

扬州八怪：汪士慎、李鳝(shàn)、金农、黄慎、高翔、郑燮(xiè)、罗聘、李方膺(yīng)

神话八仙：铁拐李、汉钟离、张果老、何仙姑、蓝采和、吕洞宾、韩湘子、曹国舅

八卦：乾、坤、震、巽(xùn)、坎、离、艮(gèn)、兑

## 九

九章：《惜诵》《涉江》《哀郢(yǐng)》《抽思》《怀沙》《思美人》《惜往日》《橘颂》《悲回风》

九族：高祖、曾祖、祖父、父亲、己身、子、孙、曾孙、玄孙

九州：《尚书·禹贡》中记载，九州分别是冀(jì)州、兖(yǎn)州、青州、徐州、扬州、荆州、豫州、梁州、雍(yōng)州

## 十

中国十大古典喜剧:《救风尘》《玉簪记》《西厢记》《看钱奴》《墙头马上》《李逵负荆》《幽闺记》《中山狼》《绿牡丹》《风筝误》

中国十大古典悲剧:《窦娥冤》《桃花扇》《赵氏孤儿》《精忠旗》《清忠谱》《汉宫秋》《琵琶记》《娇红记》《长生殿》《雷峰塔》

中华十大书法名帖:《三希宝帖》《兰亭集序》《仲尼梦奠帖》《祭侄文稿》《自叙帖》《黄州寒食帖》《蜀素帖》《草书千字文》《前后赤壁赋》《草书诗帖》

中国古代十大传世名画:《洛神赋图》《清明上河图》《富春山居图》《汉宫春晓图》《百骏图》《步辇图》《唐宫仕女图》《五牛图》《韩熙载夜宴图》《千里江山图》

十天干:甲、乙、丙、丁、戊、己、庚、辛、壬、癸

## 十以上

十二时:夜半、鸡鸣、平旦、日出、食时、隅(yú)中、日中、日昳(dié)、晡(bū)时、日入、黄昏、人定

十二地支:子、丑、寅、卯(mǎo)、辰、巳(sì)、午、未、申、酉(yǒu)、戌(xū)、亥(hài)

十二生肖:鼠、牛、虎、兔、龙、蛇、马、羊、猴、鸡、狗、猪

**图书在版编目（CIP）数据**

通才养成课 . 藏在课本里的人生必考点 / 狐说新语编著 . -- 北京 : 中国农业出版社 , 2024.3
ISBN 978-7-109-31797-0

Ⅰ . ①通… Ⅱ . ①狐… Ⅲ . ①小学语文课 - 教学参考资料 Ⅳ . ① G623.203

中国国家版本馆 CIP 数据核字 (2024) 第 051318 号

**通才养成课 · 藏在课本里的人生必考点②**
**TONGCAI YANGCHENG KE CANGZAI KEBEN LI DE RENSHENG BIKAO DIAN ②**

中国农业出版社
地　　址：北京市朝阳区麦子店街 18 号楼
邮　　编：100125
责任编辑：郭元建　张　莹
版式设计：龚晨咪　　责任校对：吴丽婷
印　　刷：湖北嘉仑文化发展有限公司
版　　次：2024 年 3 月第 1 版
印　　次：2024 年 3 月第 1 次印刷
发　　行：新华书店北京发行所
开　　本：787mm×1092mm　1/16
印　　张：7
字　　数：50 千字
总定价：119.00 元（全 2 册）